古木明美 の
エコクラフトで作るバッグとかご

ベストセレクション

Contents

透かし編みのバスケット
Sukashiami basket
4ページ／作り方 86ページ
難易度 ★

あずま袋つきかごバッグ
Azumabukuro bag
5ページ／作り方 90ページ
難易度 ★★

マルシェバッグ
Marche bag
6ページ／作り方 42ページ
難易度 ★★

シンプルステッチバッグ
Shimple stitch bag
7ページ／作り方 64ページ
難易度 ★★

アンティーク風ふたつきかご
Antique kago
8ページ／作り方 69ページ
難易度 ★★★

あじろ編みのかごバッグ
Ajiro bag
10ページ／作り方 46ページ
難易度 ★★

六つ目のかごバッグ
Mutsume bag
12ページ／作り方 52ページ
難易度 ★★★

ワンハンドルバッグ
One handle bag
13ページ／作り方 59ページ
難易度 ★★

買い物かご
Shopping bag
14ページ／作り方 88ページ
難易度 ★★

マルシェバスケット
Marche basket
15ページ／作り方 78ページ
難易度 ★★

キッチントレー4点セット
Kitchen tray
16ページ／作り方 32ページ
難易度 ★

チェック柄のバスケット
Checkered basket
17ページ／作り方 92ページ
難易度 ★

ワンハンドルバスケット
One handle basket
18 ページ／作り方 36 ページ
難易度 ★

手つきバスケット
Tetsuki basket
19 ページ／作り方 77 ページ
難易度 ★

北欧風持ち手つきかご
Hokuo handle kago
20 ページ／作り方 56 ページ
難易度 ★

北欧風かご
Hokuo kago
21 ページ／作り方 49 ページ
難易度 ★

ふたつきソーイングセット
Sewing set
22 ページ／作り方 80 ページ
難易度 ★★

丸底のかご
Maruzoko kago
24 ページ／作り方 74 ページ
難易度 ★

たっぷり収納かご
Tappuri shuno kago
25 ページ／作り方 62 ページ
難易度 ★★

入れ子式バスケット
Irekoshiki basket
26 ページ／作り方 84 ページ
難易度 ★★

ミニバスケットのガーランド
Garland
27 ページ／作り方 94 ページ
難易度 ★

エコクラフトと
道具のこと
28 ページ

編み方ポイントプロセス
30 ページ

基本のレッスン・作り方
32～103 ページ

作品の難易度について
この本では、初心者におすすめの作品から、少し難しいものまでを紹介しています。難易度を参考に作ってみてください。
★＝簡単に作れるので、初心者さんにぴったり。
★★＝時間はかかりますが、作り方をきちんと追っていけば大丈夫。
★★★＝少し難しいですが、完成したときの満足度は大です。

編み方のいくつかを動画で解説！
少し難しいと思われる「ねじり編み」、「3本縄編み」、「縁編み」を動画で説明しています。動画の URL と QR コードは各編み方のページを参照してください。

この本に関するご質問は、お電話またはWebで
書名／古木明美のエコクラフトで作るバッグとかご
本のコード／ NV70532
担当／立山
Tel.03-3383-0765（平日 13〜17 時受付）
Webサイト「手づくりタウン」
https://www.tezukuritown.com/
サイト内（お問い合わせ）からお入りください（終日受付）。
（注）Webでのお問い合わせはパソコン専用となります。

本書に掲載の作品を複製して販売（店頭、ネットオークション等）することは禁止されています。手づくりを楽しむためにのみご利用ください。

透かし編みのバスケット
Sukashiami basket

基本の四角い底の角に差しひもを2本ずつ貼り、
扇状に広げながら編んでいきます。中段の透けた部分は、
ステッチをするように縦ひもに編みひもをからめます。

作り方＊86ページ
カット図＊98ページ
サイズ＊約横27×幅15×高さ15cm（持ち手含まず）
難易度 ★

あずま袋つきかごバッグ
Azumabukuro bag

側面中央は引き返し編みで扇型に。
革持ち手は端を縫いつけてから、接着剤で固定します。
内袋には1枚布で作るあずま袋を。

作り方 * 90ページ
カット図 * 101ページ
サイズ * 約横40×幅16×高さ20cm（持ち手含まず）
難易度 ★★

マルシェバッグ
Marche bag

ぷっくりとした形が魅力の、懐かしい印象のバッグです。
透け感のある模様を入れて軽やかに。
お出かけ用としてはもちろん、キッチンや洗面所で使っても。

作り方・カット図 ＊ 42ページ
サイズ ＊ 約横27×幅13×高さ20cm（持ち手含まず）
難易度 ★★

＼いろいろな色で作っても／

シンプルステッチバッグ
Simple stitch bag

グレーのステッチとボリュームのある縁飾りがアクセントに。
左右に渡った持ち手が、おしゃれ度をUP。
肩にかけても、持っても素敵です。

作り方・カット図 ✽ 64ページ
サイズ ✽ 約横30×幅7.5×高さ19cm（持ち手含まず）
難易度 ★★

アンティーク風ふたつきかご
Antique kago

コロンとまるい形が印象的。カギのような形の留め具と、
持ち手にあしらった三つ編みがデザインのポイントになっています。

作り方・カット図 ✱ 69 ページ
サイズ ✱ 約横16.5 ×幅13×高さ16.5 cm（持ち手含まず）
難易度 ★★★

\好みの色で作ってみましょう/

9

あじろ編みのかごバッグ
Ajiro bag

互い違いになったツートンカラーの模様が魅力です。
aは持ち手を短くして、収納かごに。bは持ち手を長くして、肩かけバッグに。

作り方・カット図 ✳ 46ページ
サイズ ✳ 約横33×幅13.5×高さ24cm（持ち手含まず）
難易度 ★★

a

六つ目のかごバッグ
Mutsume bag

あけびや竹細工で見かける六つ目の模様をバッグにアレンジ。
あずま袋を入れると中のものが見えず、持ち歩きやすくなります。
グリーンや花をいけても素敵です。

作り方・カット図 ＊ 52ページ（あずま袋は56ページ）
サイズ ＊ 約横25×幅9.5×高さ26cm（持ち手含まず）
難易度 ★★★

ワンハンドルバッグ
One handle bag

置くだけでも絵になる、マロンカラーとベージュのガーリーな雰囲気のバッグ。
縁に施した太めの縄編みが全体を引き締めます。

作り方・カット図 ＊ 59ページ
サイズ ＊ 約横21×幅12.5×高さ18.5cm（持ち手含まず）
難易度 ★★

買い物かご
Shopping bag

底に丸みをつけた広口のバスケット。
側面を途中まで編んだら、縦ひもを割いて斜めに折り曲げ、
下半分の飾りにします。

作り方 ＊ 88 ページ
カット図 ＊ 100 ページ
サイズ ＊ 約横28×幅21.5×高さ13cm（持ち手含まず）
難易度 ★★

下半分は追いかけ編み、上半分は
8本どりの縦ひもを2本と6本に割き、
3本縄編みをして変化をつけました。

マルシェバスケット
Marche basket

白とピンクのラインをアクセントにしたバスケットは、
底に丸みをつけてよりかわいらしい印象に。
本体の中段部分は輪編みをしています。

作り方 ＊ 78ページ
カット図 ＊ 96ページ
サイズ ＊ 約横28×幅17×高さ16cm（持ち手含まず）
難易度 ★★

キッチントレー 4点セット
Kitchen tray

輪にした編みひもを縦ひもに交互に通していく輪編みで作ります。輪の大きさをきちんとそろえておけば形を一定に保てるので、初めての方におすすめです。

作り方＊32ページ
カット図＊103ページ
サイズ＊大サイズ　約横30×幅23.5×高さ6cm（持ち手含まず）
　　　　中サイズ　約横21×幅13.5×高さ5.5cm
　　　　小サイズ　約横13.5×幅10×高さ5.5cm

難易度

基本サイズを1/2と1/4サイズに分割しているので、仕切りとしても使えます。

チェック柄のバスケット
Checkered basket

クリームとサクラの色合わせで明るく軽やかに仕上げます。
追いかけ編みのひもの色を変えながらチェック柄に。

作り方＊92ページ
カット図＊102ページ
サイズ＊約横25.5×幅16.5×高さ14cm（持ち手含まず）
難易度 ★

ワンハンドルバスケット
One handle basket

1個でも、並べて置いてもかわいい小ぶりのサイズに仕上げています。
側面は追いかけ編みの本数を変えてアレンジ。
持ち手の編み込みがポイントです。

作り方・カット図 ＊36ページ
サイズ ＊ 約横21×幅14×高さ11.5cm（持ち手含まず）
難易度 ★

右／2本幅の追いかけ編みは、きっちり編むことでより繊細な印象に仕上がります。
左／5本幅の編みひもは初心者におすすめ。ねじり編みの縁編みをアクセントに。

手つきバスケット
Tetsuki basket

底から口回りに向けて広くなるように計りながらバランスよく編みます。
持ち手はグリップを広めに作り、しっかり握れるようにするのがコツ。

作り方 ＊ 77ページ
カット図 ＊ 95ページ
サイズ ＊ 約横30×幅13×高さ19cm（持ち手含まず）
難易度 ★

北欧風持ち手つきかご
Hokuo handle kago

植物やお気に入りのカードを飾ったり、
こまごまとしたものをしまうのにぴったり。
裏面が平らなので、壁にかけて使うこともできます。

作り方・カット図 ＊ 56ページ
サイズ ＊ 約横11.5×幅5×高さ11.5 cm（持ち手含まず）
難易度 ★

北欧風かご
Hokuo kago

スペースを効率よく使えるスクエア形。
パンやお菓子などを入れるのはもちろん、
リネンやタオル類、空き瓶の収納にも大活躍します。

作り方＊49ページ
サイズ＊小サイズ　約横22.5×幅13.5×高さ9cm
　　　　大サイズ　約横27×幅18×高さ13.5cm
難易度　★

大、小を
入れ子で収納できます

ふたつきソーイングセット
Sewing set

やや小ぶりのソーイングバスケットに、持ち手のついた
バスケット、ピンクッション、糸巻きをセットしました。
アクセントの白いラインは3本縄編みでニュアンスをつけて。

作り方＊80ページ
カット図＊97ページ
サイズ＊ソーイングボックス　約横20×幅13.5×高さ13.5cm（持ち手含まず）
難易度　★★

丸く編んだミニバスケットに原毛を入れて
ピンクッションにしました。

バスケットは取り出しやすい持ち手つき。
2種の糸巻きは使いかけのリボンや
レースを巻いてもおしゃれです。

持ち運びに便利な持ち手つきです。

丸底のかご
Maruzoko kago

リボンをつけてちょこっとおめかし。
ブランケットやおもちゃを入れるなど、用途は多数。
紙くず入れとして使ってもOKです。

作り方・カット図 ＊ 74ページ
サイズ ＊ 約底径18.5×高さ24cm（持ち手含まず）
難易度 ★

たっぷり収納かご
Tappuri shuno kago

収納力が抜群なので、手芸材料を収納したり、
スリッパ入れにしたりと、大活躍します。
場所を選ばずに使えるので、ひとつあると便利です。

作り方・カット図 ＊ 62ページ
サイズ ＊ 約横21×幅21.5×高さ11cm
難易度 ★★

入れ子式バスケット
Irekoshiki basket

本体は、丸みを持たせながら追いかけ編みで編んでいきます。
乗せるタイプのふたは、本体の口よりやや大きめに編んで
セットします。リング状の留め具もひと工夫。

作り方＊84ページ
カット図＊98ページ
サイズ＊　小サイズ　約横23×幅13.5×高さ10cm
　　　　　大サイズ　約横30×幅18×高さ13.5cm
難易度　★★

ミニバスケットのガーランド
Garland

少しの材料でできるミニバスケット。
好きな数だけつないでガーランドにしたり、
ひもを通してペンダントにしても。
あまったエコクラフトでぜひ作ってみてください。

あまった
エコクラフトで作る！

作り方＊94ページ

サイズ＊バッグ　約横7×幅4.5×高さ3.5cm（持ち手含まず）
　　　　丸型バスケット　約直径5×高さ3cm（持ち手含まず）
　　　　角型バスケット　約横5.5×幅4×高さ3cm（持ち手含まず）

難易度　★

エコクラフトと道具のこと
バッグやかごを作る前に、材料と道具について、知っておきましょう。

● 材料

エコクラフト
12本の細いこよりを、1本の平たいテープ状（約15mm幅）に加工したもの。5m巻と30m巻がある。

エコクラフトワイド
24本の細いこよりを、1本の平たいテープ状（約30mm幅）に加工したもので、北欧風の幅広のかごや小物を作るときに使用されることが多い。

実物大　　実物大

> **エコクラフト・エコクラフトワイドとは**
> エコクラフトとは、牛乳パックや古紙を再生した古紙100％の紙バンドのこと。色によって幅に若干の差がある。

● 必要な道具

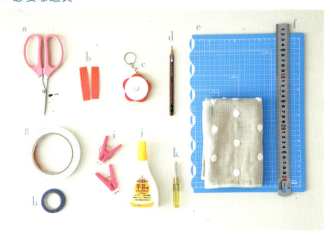

a ハサミ
エコクラフトに切り込みを入れたり、カットするときに使う。

b PPバンド
エコクラフトを裂くときに使う。摩耗するので、数枚用意する。

c メジャー
長さを測るのに使う。

d 鉛筆またはシャープペンシル
印をつけるのに使う。

e カッティングボード（方眼状のメモリがついたもの）
北欧風のもの以外の底を作るときに使う。方眼紙をはさんだクリアーファイルでもOK。

f 定規
長さを測ったり、底を立ち上げるときに使う。

g 両面接着テープ
底を作るときに貼ると、ずれずに作業ができる。

h マスキングテープ
底の目安線にしたり、ひもを束ねておくのに使用する。

i 洗濯バサミ
貼ったひもどうしを乾くまでとめておいたり、編んだ編みひもを押さえるのに使う。10個程度あるとよい。

j 手芸用接着剤
エコクラフトを貼り合わせるときに使う。乾くと透明になる、速乾性のものがよい。

k マイナスドライバー
縁まわりなど、エコクラフトを編み目に差し込む際に、隙間を作るのに使う。

l ぬれタオル
ボンドで汚れた手をふきながら作業するとよい。

エコクラフトのきほんの作業

❖ **エコクラフトをカットし、裂く**

1 「用意するひもの幅と本数」と「カット図」を参照し、エコクラフトをカットしたい長さに印をつける。線に沿ってハサミでカットする。

> 机にメジャーをテープで貼りとめておくと作業がしやすい。

> **用意するひもの幅と本数について**
> 「①横ひも…6本幅78cmを5本」とは、必要寸法の78cmにカットしてから、6本幅に裂いたものを5本用意するという意味になる。効率よくカットできる、カット図を参照する。記載しているひもの長さは目安。編むときの手加減によって、サイズがかわることがある。
> ※カット図は、見やすいように幅と長さの比率が異なるようにしている。

2 細いこよりの裂きたい本数分を端から数え、こよりどうしの間の溝（6本幅に裂きたいときは、6本めと7本めの間の溝）に、ハサミで2cmほど切り込みを入れる。

28

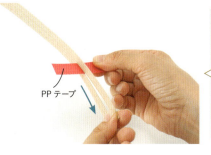

3 2の切り込みに、PPテープを垂直に立てて入れ、エコクラフトを手前に引っぱって裂く。
※裂きにくくなったら、新しいPPテープを使う。

4 作り方に指示がある場合は、ひもの中央に印をつける。

❖ エコクラフトのくせをとる

エコクラフトには、巻きぐせがついているため、作る前に、親指と人さし指でひもをはさみ、しごいてくせをとっておくと、作業がしやすくなる。

> **カットして裂いたひもは**
> カット図の番号ごとにマスキングテープや荷札などで束ね、番号やひも名を書き入れると作業がスムーズに。
>
>

❖ ひもにボンドをつける

ボンドをつけるときは、余ったエコクラフトをヘラ代わりに使用するとよい。ひもどうしのせまい部分や、少量をつけるときなどに便利。

> **貼り間違えたときは**
> スチームアイロンの蒸気を当ててボンドを溶かし、少しずつはがす。貼り直すときは、水でぬらしてかたくしぼった布で、ボンドをふき取り、再度ボンドをつけて貼り合わせる。
>
>

> **洗濯バサミの活用法**
> ①ひもを押さえる
> 貼ったひもどうしを押さえてボンドが乾くのを待つ。また、側面の編み目が浮いたり、ずれたりするのを防ぐために、ところどころに洗濯バサミをとめて押さえる。作業を中断するときも、とめておくと便利。
>
>
>
> ②編みひもを束ねる
> 長いひもは、小さく輪にして洗濯バサミでとめ、少しずつほどきながら編むとよい。
>
>

❖ 編みひもをつなぐときは

必ず縦ひもの裏側でひもをカットする。ひも端が縦ひもの間に当たる場合は、少しひもをカットして調整する。新しいひも端は縦ひもに突き合わせにして貼り合わせる。

基本の Lesson

編み方ポイントプロセス

ベースを編む時、編み地に変化をつける時、側面を編む時…。
デザインに合わせて編み方を使い分けましょう。

ねじり編み・3本縄編みは動画でも紹介しています。

動画を check!
https://www.tezukuritown.com/nv/c/cc12030/

※動画は『エコクラフトのバッグ＆暮らしのかご』と同じ内容です

❖ 追いかけ編み　ベースを編み上げる定番の編み方。2本の編みひもが交互になるように1周＝2段ずつ編んでいくため、完成もスピーディ。

1　2本の編みひもを縦ひもを1本ずつずらして接着剤で内側に貼る。

2　下段の編みひも（ブルー）を縦ひも1本をとばし、2本めの縦ひもにかける。

3　上段の編みひも（ピンク）を縦ひも1本をとばし、2本めの縦ひもにかける。

4　同様に2本の編み目を交互にしながら並行に編み進める。

❖ ねじり編み　2本の編みひもをねじりながら編む方法（1周＝1段）。目が詰まるため、底の立ち上がりやバッグ口に使うと形が整いやすくなります。側面のアクセントとしても。

1　右の編みひもを縦ひもを1本ずつずらしながら接着剤で内側に貼る。

2　左の編みひも（ピンク）を縦ひもを1本とばし、2本めの縦ひもにかける。

3　右の編みひも（ブルー）を縦ひもを1本とばし、1番めの編みひも（ピンク）の上まで上げて、2本めの縦ひもにかける。

4　同様に2本の編みひも上下を交差させながら編み進める。

❖ 3本縄編み　3本の編みひもを交差させながら編むことで、ボリュームと安定感が増します（1周＝1段）。縁編みやアクセントのラインなどに。

1　3本の編みひもを縦ひもを1本ずつずらしながら接着剤で内側に貼る。

2　1番左の編みひも（ピンク）を縦ひもを2本とばし、3本めの縦ひもにかける。

3　真ん中の編みひも（ブルー）を縦ひもを2本とばし、一番上まで上げて、3本めの縦ひもにかける。

4　一番右の編みひも（ブラウン）も縦ひもを2本とばし、一番上まで上げて、3本めの縦ひもにかける。これを繰り返す。

◈ 引き返し編み
平面の編み地を作る時の編み方。左右の端で折り返し、往復しながら編んでいきます。扇形のバック上部を作る時などに。
※写真は編みひも2本の場合。1本の場合は編みひも（ピンク）のみを参照。

1 面の端まで追いかけ編みをする。

2 端まできたら折り返し、上になっている編みひも（ピンク）から編み目が交互になるように追いかけ編みをする。

3 続けて、下になっていた編みひも（ブルー）で追いかけ編みをする。

4 最後まで編み、端まできたら同様に折り返して編む。折り返した編みひも（ブルー）は一番上の段になる。

◈ ブランケットステッチ
バッグの口などの縁かがりに用いられる編み方。

1 ステッチひもを縁外ひもの下に外側から内側に通す。長い方のひも端が手前になるように交差させる。

2 短い方のひも端を洗濯バサミでとめ、縦ひもどうしの間に、外側から内側に通し、1と同様に交差させて引き締める。

3 2と同様にして、縦ひもどうしの間に1目ずつステッチを入れる。

4 1周ステッチしたら、残しておいた始めのステッチひもを、終わりのステッチに通す。

5 終わりのひも端（♡）を内側に引き抜く。

6 内側でひも端を固結びする。余分をカットし、結び目にボンドをつけて乾かす。

31

基本のLesson

[輪編み]
キッチントレー4点セットの作り方
photo 16ページ

初心者にも編みやすい輪編みで作るキッチントレーをレッスンします。
あらかじめ輪にした編みひもを縦ひもに通していく編み方です。
エコクラフトを編むときの底の組み方やひもの始末の仕方といった
基本もここで紹介します。

●材料
ハマナカエコクラフト〔30m巻〕NO.114（マロン）（大／21m・中／11m・小／14m）2巻

●用意するひもの幅と本数

	<大>	<中>	<小> 1個分
①縦ひも	10本幅　52cm×9本	12本幅　44cm×5本	12本幅　30cm×5本
③縦ひも	10本幅　44cm×11本	12本幅　36cm×7本	10本幅　36cm×5本
④始末ひも	10本幅　23.5cm×2本	12本幅　13.5cm×2本	10本幅　13.5cm×2本
⑤編みひも・輪編み用	6本幅　109cm×6本	6本幅　71cm×5本	6本幅　49cm×5本
⑥編みひも	12本幅　109cm×1本	12本幅　71cm×1本	12本幅　49cm×1本
⑦縁外ひも	12本幅　111cm×1本	12本幅　73cm×1本	12本幅　51cm×1本
⑧縁内ひも	12本幅　108cm×1本	12本幅　70cm×1本	12本幅　48cm×1本
⑨持ち手ひも	8本幅　84cm×2本		
⑩持ち手巻きひも	2本幅　210cm×2本		

●カット図
103ページ

●でき上がりサイズ(cm)

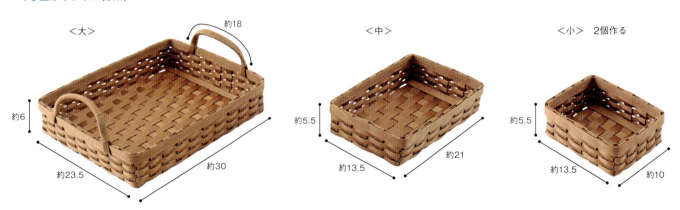

32

1. 底を作ります　※ここではキッチントレー＜大＞をレッスンします。＜中・小＞は＜大＞と同様に作ります。

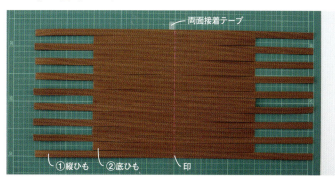 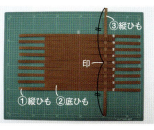 

1　カッティングボードの縦のラインに合わせ、中央に両面接着テープを1本貼る。カットした①縦ひもと②底ひもの中心に印をつけ、テープのラインに印をそろえながら①と②を交互に貼る。すき間ができないように注意。

2　両端に使用する③縦ひもの中心に印をつける。①縦ひもが下、②底ひもが上になるように③縦ひも1本を通し、中心を合わせる。①縦ひもに接着剤をつける。

3　③縦ひもを②底ひもの端に合わせて貼る。

   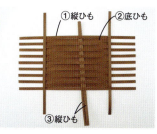

4　②底ひもを浮かせて③縦ひもに接着剤をつけ、貼り合わせる。もう一方も同様に貼る。

5　②底ひもの端と底の四隅に接着剤をつける。

6　5の③縦ひもに重ねるように④始末ひもを貼る。③縦ひもを後で立ち上げることを考慮して底の短い辺よりやや短めにカットする。少し短い方が立ち上げたときにきれい。

7　6をカッティングボードから外し、残りの③縦ひもを編み目が交互になるように通す。2本ずつまとめて通すと効率的。

  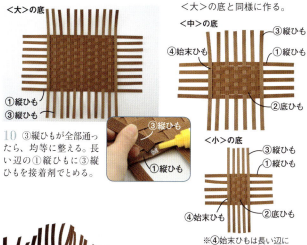

8　通した2本のひもを左右に振り分ける。これを4回くり返す。

9　最後は1本。指先を使って上下にすき間を作りながら交互に通す。

10　③縦ひもが全部通ったら、均等に整える。長い辺の①縦ひもに③縦ひもを接着剤でとめる。

＜大＞の底と同様に作る。
＜中＞の底
＜小＞の底
※④始末ひもは長い辺に貼るので注意。

2. 側面を編みます

11　①縦ひもを指先でしっかり折り目をつける。始末ひもが押さえになり、縦ひもの折り目がきれいにそろう。

12　11の折り目を戻し、縦ひもを折り曲げる。始末ひもがない辺は、定規で押さえて折り目をつけると、角がそろい、きれいに折れる。

13　①縦ひもと③縦ひもをすべて立ち上げたところ。

つづく

基本の Lesson

14 ⑤編みひもを1本編む。始末ひもをつけた側から編み始め、洗濯バサミでとめる。編みひもは縦ひもが交互になるように通す。

15 角をしっかり出し、すき間を作らないのがポイント。四隅は洗濯バサミでとめる。

16 1周したらゆるみが出ないように⑤編みひもの端を重ね合わせ、のり代を確認する。のり代は約1cmを目安に重ねる。

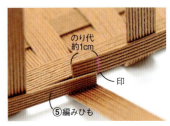

17 重なり位置に印をつける。

18 一度はずし、17の⑤編みひもと同じ寸法で残りの⑤編みひもに印をつける。のり代に接着剤をつけて貼り、輪にする。

19 輪にした⑤編みひもを縦ひもに通し、側面を編む。縦ひもに交互に通し、角はずれないように洗濯バサミで押さえる。

20 ⑤編みひもの輪のつなぎ目は表から見て縦ひもの裏側に隠れる位置にする。編みひものつなぎ目は1段ごとに互い違いにずらす。

21 ⑤編みひもをすべて通し、編んだところ。

22 21を内側から見たところ。

23 ⑥編みひもを編む。14～16の要領で縦ひもに通し、のり代を接着剤でとめる。⑤編みひもと幅が違うため、のり代分が変わってくるので1段別に編む。

24 側面が編めたら、すき間がないように編み目を詰める。底側から順に詰めていく。

3. 側口を始末します

25 残った縦ひもは、⑥編みひもを包むように交互に折る。

26 縦ひもをすべて折ったところ。

27 表側から見て、縦ひもの端が編みひもで隠れる部分で、余分な縦ひもをカット。

28 縦ひもを編みひもに通して始末する。

29 縦ひもを始末したところ。角を手でつまむように押さえ、四隅の角を出して形を整える。

30 29の口外側に接着剤をつけ、⑦縁外ひもを貼る。

31 接着剤は乾きやすいので、一辺ずつ貼る。接着剤が安定するまで洗濯バサミで押さえる。

4. 持ち手をつけます

32 30、31と同様に⑧縁内ひもを口内側に貼る。つなぎ目は対角線にする。キッチントレー＜中・小＞はここで完成。

33 本体の短い辺の縦ひも端から2本めと3本めの間に⑨持ち手ひもをそれぞれ2回通し、2重の円にする。

34 ★をつなぎ目位置で突き合わせにする。

35 34で通した持ち手の内側を写真のようにひっくり返す。

36 持ち手の向きを外側にそろえ、ひもを4重にする。接着剤で貼り合わせ、洗濯バサミで固定。

37 ⑩持ち手巻きひもと⑨持ち手ひもを中心で合わせ、ひと巻きする。

38 中心を洗濯バサミでとめ、片方ずつ持ち手に巻きつける。⑩持ち手巻きひもはねじれないように、しっかりときつく巻くのがポイント。

39 端まで巻けたら、巻きひもに接着剤をつけて持ち手の間に通す。

40 あまった巻きひもを際でカット。

41 巻きひも先を目打ちで持ち手に押し込む。

42 もう一方も同様に始末する。

43 持ち手を2本つけて完成。

35

基本のLesson

photo 18ページ

5本幅の作品
2本幅の作品

［追いかけ編み・ねじり編み］
ワンハンドルバスケットの作り方

エコクラフトでよく使われる追いかけ編みとねじり編みをマスター。
基本の編み方を5本幅で覚えた後は、
2本幅へのアレンジも楽しんで。

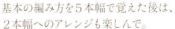

●でき上がりサイズ (cm)

5本幅の作品 でき上がり図
約11.5 / 底約21 / 底約14
ねじり編み3周=3段
追いかけ編み2周=4段
ねじり編み1周=1段
追いかけ編み7周=14段

2本幅の作品 でき上がり図
約11.5 / 底約21 / 底約14
ねじり編み3周=3段
追いかけ編み5周=10段
ねじり編み1周=1段
追いかけ編み18周=36段

●材料
＊5本幅の作品
ハマナカエコクラフト〔30m巻〕NO.101（ベージュ）1巻
＊2本幅の作品
ハマナカエコクラフト〔30m巻〕NO.101（ベージュ）1巻

●用意するひもの幅と本数

			5本幅の作品	2本幅の作品
①	縦ひも	6本幅	61cm×9本	61cm×9本
②	底ひも	8本幅	21cm×8本	21cm×8本
③	縦ひも	6本幅	55cm×11本	55cm×11本
④	始末ひも	6本幅	14.5cm×2本	14.5cm×2本
⑤	編みひも・追いかけ編み用	5本幅	750cm×2本	650cm×6本（2本幅）
⑥	編みひも・ねじり編み用	2本幅	90cm×2本	90cm×2本
⑦	編みひも・ねじり編み用	2本幅	270cm×2本	270cm×2本
⑧	持ち手ひも	6本幅	60cm×2本	60cm×2本
⑨	持ち手ひも	6本幅	62cm×2本	62cm×2本
⑩	持ち手飾りひも	2本幅	16cm×3本	16cm×3本
⑪	持ち手巻きひも	2本幅	240cm×1本	240cm×1本

●カット図

ワンハンドルバスケット　5本幅の作品（2本幅の作品は下の図⑤を2本幅650cmで5本とり、別のエコクラフトで2本幅650cmを1本とる）

①6本幅61cm	①	①	①	①	③6本幅55cm	③	③	③	③
①	①	①	①	③	③	③	③	③	③

580cm

④6本幅14.5cm / ⑧6本幅60cm / ⑨6本幅62cm
136.5cm

下図に続く

⑤5本幅750cm
⑤
⑦2本幅270cm / ⑦
918cm

②8本幅21cm / ②
⑪2本幅240cm / ⑥2本幅90cm / ⑩ / ⑩ / 余り分
⑩2本幅16cm

1. 底を作ります

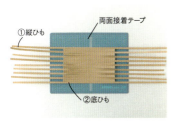 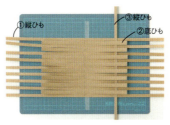  

1 カッティングボードの縦中央の線に沿って両面接着テープを貼っておく。①縦ひもと②底ひもの中心に鉛筆で印をつけ、その印を揃えながら両面テープの上に交互に並べる。

2 ③縦ひもの1本を、①縦ひもと②底ひもが交互になるよう（②底ひもが上）に挟む。

3 ②底ひもの端に合わせて、①縦ひもに接着剤を少量ずつつける。この時、③縦ひもは少しずらしておく。

4 ③縦ひもを①縦ひもに貼る。

完全に接着するまで洗濯バサミで固定しておく。

5 ②底ひもを押さえ、③縦ひもの位置が端に揃っているか、確認したら、②底ひもの下になる③縦ひもにも接着剤をつけ、しっかりと貼る。

6 ④始末ひもを底の①縦ひもに合わせ、④始末ひもの端が①縦ひもよりはみ出ていたらカットする。

7 ②底ひもの端と底の四隅に接着剤をつける。③縦ひもに重ねるように④始末ひもを貼る。

8 もう一方の端にも③縦ひもと④始末ひもを同様に貼る。

   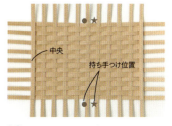

9 ③縦ひも2本を重ねて持ち、1で印した中心線に沿って編み目が交互になるように挟み込む。この時、②底ひもが下になっている。

10 ③縦ひも2本を挟み込んだところ。

11 10の③縦ひもを左右に振り分ける。

12 同様に、残りの③縦ひも7本も編み目が隣の③縦ひもと交互になるように挟む。全部挟んだら、等間隔になるように幅を整える。

2. 側面を編みます

13 縦ひもすべてを底に対して垂直なるようにきっちり折り、立ち上げる。

14 ①縦ひもの中央（5本め）と1本手前の①縦ひもの立ち上がり部分（内側）に接着剤をつける。

15 ⑤編みひも2本を、端をそれぞれ2cm残して14の接着剤の位置にそれぞれ貼る。

16 編み始めは、⑤編みひもが外れないように接着位置を洗濯バサミで固定する。

基本のLesson

❀ 追いかけ編み（30ページ参照）

17 ⑤編みひもを、①縦ひも1本ごとに表裏（交互）になるように編む（追いかけ編み）。手前の①縦ひもに貼った⑤編みひもは下段、中央の①縦ひもに貼った⑤編みひもは上段になるように編む。

18 底の縦ひもと編み目が交互になっているのを確認し、側面を編み進める。

19 一辺が編めたところ。

20 最後まで追いかけ編みで1周＝2段編む。角がずれないように洗濯バサミでとめておく。1周＝2段が編めたところ。

21 編み始めの中央に貼った⑤編みひもの上（A）と、1段編んできた下段の⑤編みひもの上（B）に接着剤をつける。

22 Aを編み始めの⑤編みひも（手前に貼った⑤編みひも）の端に、Bを中央に貼った⑤編みひもの端につける。

23 それぞれ洗濯バサミで固定する。

24 続けて、同様に追いかけ編みをする。2周＝4段が編めたところ。

25 7周＝14段まで同様に追いかけ編みをする。7周＝14段が編めたところ。

26 7周＝14段まで編んだ⑤編みひも2本をそれぞれカットする。下段の編みひもも上段の編みひもも、編み始めた①縦ひもの1本先に揃えてカットする。

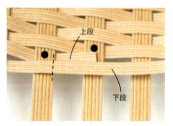

27 下段の編みひもは点線の部分で切る。上段・下段ともひもの端は、1本下の編みひもに貼る（それぞれ●部分に）。

28 27でつけた接着剤（2カ所）の上に上段の⑤編みひもの端を貼る。

❀ ねじり編み（30ページ参照）

29 ⑥編みひも2本を、①縦ひもの中央と1本手前の①縦ひもに重ねる。

30 ⑥編みひも2本の端をそれぞれ2cm残して①縦ひもに貼り洗濯バサミで固定する。下段の編みひもを、上段の編みひもの上に出して、①縦ひもにかける。

31 30で下段になった⑥編みひもを、再び上に出して、次の①縦ひもにかける（ねじり編み）。

32 同様に、⑥編みひも2本を上下を交差させながら1周編む。

33 1周=1段、ねじり編みをしたところ。

34 編み終わりは、編み始めの端に1.5cm重なるところでカットする。編み始めの⑥編みひも2本に接着剤をつける。

35 それぞれの⑥編みひもの端同士を合わせて貼る。

36 ⑥編みひもで1周=1段ねじり編みをしたところ。

37 26でカットした残りの⑤編みひも2本を、30の編み始め①縦ひもに接着剤で貼り、端をそれぞれ約2cm残して洗濯バサミで固定する。

38 ⑤編みひもで2周=4段、追いかけ編みで編み、編み終わりを26～28同様に始末する。

39 ⑤編みひもで2周=4段を追いかけ編みしたところ。

40 ⑦編みひもの端を39の編み終わり位置の①縦ひもの内側に接着剤で貼る。

41 ⑦編みひもで3周=3段ねじり編みをする。⑦編みひもの編み終わりは、編み始めの端を貼った①縦ひもに揃えてカットし、接着剤をつけて貼る。

42 ⑦編みひもでねじり編みを3周=3段編んだところ。

43 バッグ口の①縦ひもと③縦ひもをすべて内側に折る。縦ひもの端が編みひもで隠れる部分で、余分な縦ひもを切る。

3. バッグ口を始末します

44 側面の内側を見て、マイナスドライバーを③縦ひもに沿って差し込み、編み目にすき間を作る

45 できたすき間に折り返した縦ひもを差し込む。

46 ③縦ひも1本を差し込んだところ。

47 すべての縦ひもを差し込んだところ。

基本の Lesson

4. 持ち手を作ります

48 ⑧持ち手ひもの片端を10cmの位置で二つ折りする。10cm側の端を、本体中央の③縦ひもと右隣の③縦ひもとの間（P37／12の★マーク参照）に、編んだ⑦編みひもの下から差し込む。

49 反対側も同じ位置（P37／12の★マーク参照）に、⑧持ち手ひもを外側から差し込む。

50 ⑧持ち手ひもの折り返した部分の両端を突き合わせて洗濯バサミで仮どめをする。

51 折り返した⑧持ち手ひもに接着剤をつけ、上側の持ち手ひもに貼りつける。

52 洗濯バサミで押さえ、完全に乾かす。

53 もう1本の⑧持ち手ひもも、本体中央の③縦ひもと左隣の縦ひもとの間に差し込み（P37／12の●マーク参照）、同様に作る。⑧持ち手ひもをつけたところ。

54 ⑨持ち手ひもを⑧持ち手ひもと同じ位置に通す。⑧持ち手ひもつけ合わせ位置とずらして⑨持ち手ひもの端を合わせてバック口側を洗濯バサミで固定。もう一方の端も同じ位置から差し込む。

55 ⑧持ち手ひもの上面に接着剤をつけ、⑨持ち手ひもを貼り合わせる。

56 下側の⑨持ち手ひもにも接着剤をつけ、洗濯バサミで押さえて、貼り合わせる。

57 もう1本の⑨持ち手ひもも同様に貼り合わせる。2本の持ち手ができたところ。

58 2本の持ち手の中央に鉛筆で印をつける。

59 持ち手の厚み部分（中央から左右それぞれ7cm）に接着剤をつける。

60 2本の持ち手の中心を合わせ、厚み部分を貼り合わせる。

61 2本の持ち手を貼り合わせたところ。

❖ 飾りひもの編み方

62 ⑩持ち手飾りひも3本の中央を持ち手の中心と合わせて並べ、洗濯バサミで押さえる。⑪持ち手巻きひもを中央で二つ折りし、折り山を持ち手中央の裏に当てて構える。

63 ⑪持ち手巻きひもを上に回して巻く。

64 左右の⑩持ち手飾りひもを立て、手前側の⑪持ち手巻きひもをひと巻きする。

65 左右の⑩持ち手飾りひもを倒し、今度は中央を立てて⑪持ち手巻きひもをひと巻きする。

66 中央の⑩持ち手飾りひもを倒し、再び、左右を立てて、⑪持ち手巻きひもをひと巻きする。

67 持ち手飾りひもをすべて倒し、⑪持ち手巻ひもを2回巻く。これが1模様。

68 64〜67の模様を8回繰り返し、残りは模様を入れずに⑪持ち手巻きひもで巻く。最後は持ち手の裏側でカットし、端に接着剤をつけて、持ち手飾りひもの中へ押し込む。

⑪持ち手巻きひもの先を斜めにカットし、接着剤をつける。

69 反対側も同様に巻く。ワンハンドルバスケット(5本幅)のできあがり。

2本幅のバスケットにアレンジしましょう

編みひもが細くなる分、5本幅より段数が増えますが、編み方は同じです。

途中で1段入れるねじり編みとバッグ口のねじり編みも2本幅のまま。すべて2本幅で編んでも、編み方の違いで変化がつく。

  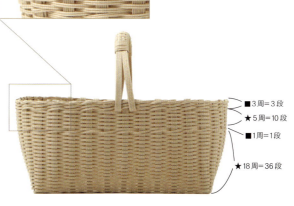

1 底は5本幅の作り方と同様。編みひもは2本幅に割り、5本幅と同じ位置に貼りつける。

2 続けて、5本幅と同様に追いかけ編みをする。指定の段数通り、最後まで追いかけ編みとねじり編みで仕上げる。

■ 3周=3段
★ 5周=10段
■ 1周=1段
★ 18周=36段

★…追いかけ編み
■…ねじり編み

マルシェバッグ photo 6 ページ

●材料
ハマナカ エコクラフト〔30m巻〕NO.102（白）1巻

●でき上がりサイズ
約横27×幅13×高さ20cm（持ち手含まず）

●用意するひもの幅と本数

①横ひも……6本幅	78cm×5本	⑩ステッチ芯ひも…8本幅	85cm×1本
②横ひも……8本幅	22cm×4本	⑪ステッチひも……3本幅	220cm×2本
③縦ひも……6本幅	64cm×13本	⑫編みひも……2本幅	100cm×6本
④始末ひも……6本幅	7.5cm×2本	⑬編みひも……3本幅	500cm×2本
⑤編みひも……2本幅	350cm×2本	⑭編みひも……2本幅	100cm×6本
⑥差しひも……6本幅	28cm×8本	⑮縁始末ひも……6本幅	152cm×1本
⑦編みひも……2本幅	400cm×6本	⑯持ち手内ひも……8本幅	64cm×2本
⑧編みひも……3本幅	430cm×4本	⑰持ち手外ひも……8本幅	65cm×2本
⑨編みひも……2本幅	100cm×6本	⑱巻きひも……2本幅	350cm×2本

●カット図
■=余り分

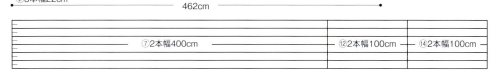

●作り方
※わかりやすいようにひもの色をかえて解説している。

❖ エコクラフトをカットし、裂く

1 「カット図」を参照し、エコクラフトを指定の長さにカットし、裂く。①、②の横ひも、③縦ひもの2本には中央に印をつけておく。

>>28ページ「エコクラフトをカットし、裂く」参照。

❖ 底を作る

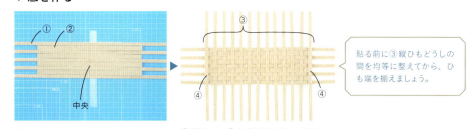

2 ①横ひも、②横ひもを1本ずつ交互に、中央の印を合わせて隙間がないように並べる。

>>33ページ〔~⑪〕参照。

③縦ひも、④始末ひもを入れて貼る。

貼る前に③縦ひもどうしの間を均等に整えてから、ひも端を揃えましょう。

追いかけ編み（30ページ参照）

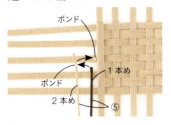

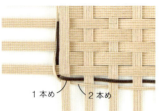
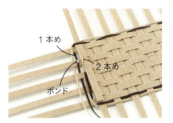

3　四方に出ているひもを縦ひもとする。⑤編みひも2本の、1本めの端を2本めに縦ひも1本分ずらして貼ってから、底の左側の縦ひもに2本を貼る（2本めの端は貼らずにおく）。

4　1本めの⑤編みひもを縦ひもに交互に通す。2本めの⑤編みひもも同様に通すが、1本目の編みひもと互い違いになるように編む。2本めが1本めを追いかけるように、2本一緒に編むため、1周で2段が編めたことになる。

1本めの編みひもで1辺を編んだら、続けて2本めの編みひもで編むように、辺ごとに2本を通していくと作業がしやすい。

5　1周＝2段したら、1本めの編みひもと2本めの編み始めの端を貼り合わせる。

貼り合わせることで隙間ができなくなり、仕上がりがきれいに。

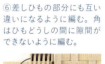

6　続けて⑤編みひもで追いかけ編みを3周＝6段する。編みひも2本はそのままにしておく。

7　⑥差しひもの片端1cmにボンドをつけて、四隅の角に2本ずつ、ひもどうしの間が均等になるように貼る。

8　6でそのままにしておいた⑤編みひもで追いかけ編みを2周＝4段する。余分をカットし、縦ひもに貼る。

⑥差しひもの部分にも互い違いになるように編む。角はひもどうしの間に隙間ができないように編む。

❖ 側面を編む

親指と人さし指ではさみ、丸みをつけるように軽くしごいて立ち上げるとよい。

9　縦ひもを内側にゆるやかに丸みを出すように立ち上げる。

3本縄編み（30ページ参照）

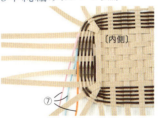
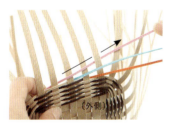

10　縦ひもの隣り合う3本にボンドをつけ、⑦編みひも3本を縦ひもに突き合わせるようにして、1本ずつずらして貼る。

11　外側を手前に向けて持ち、一番左のひもを縦ひも2本分とばして3本めの縦ひもにかけて出す。

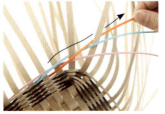

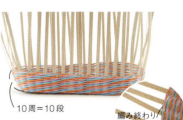

12　真ん中のひもを縦ひも2本分とばして3本めの縦ひもにかけて出す。

13　一番右のひもを縦ひも2本分とばして3本めの縦ひもにかけて出す。

編みひもがねじれないように整えながら編む。

14　11～13をくり返して1周＝1段する。

角の部分は縦ひものV字の間をせばめないようにし、それ以外の縦ひもの部分は、ひもどうしを平行に保つことを心がけるとよい。

15　⑦編みひもをつなぎながら合計10周＝10段編む。編み終わりは編み始めの位置で内側に入れ、余分をカットし、編み目の裏側に貼る。
（編みひものつなぎ方は29ページ参照）

逆3本縄編み

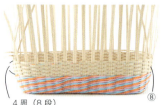

16 ⑧編みひも2本で追いかけ編みを4周＝8段編む。

17 続けて、⑧編みひもをつなぎながら追いかけ編みを6周＝12段、内側にほんの少しだけすぼめるようにして編む。余分をカットし、編み目の裏側に貼る。

18 ⑨編みひもで3本縄編みを1周＝1段する。編み終わりは編み始めの位置で内側に入れ、余分をカットし、編み始めのひも端と貼り合わせる。

19 縦ひもの隣り合う3本の裏側にボンドをつけ、⑨編みひも3本を貼る（⑩参照）。

20 一番左のひもを縦ひも2本分とばし、真ん中のひもと一番右のひもの下を通して3本めの縦ひもにかけて出す。

21 真ん中のひもを縦ひも2本分とばして、一番右のひもと20のひもの下を通して3本めの縦ひもにかけて出す。

22 一番右のひもを縦ひも2本分とばして、20と21のひもの下を通して3本めの縦ひもにかけて出す。

23 20〜22をくり返して1周＝1段する。編み終わりは編み始めの位置で内側に入れ、余分をカットし、編み始めのひも端と貼り合わせる。

24 ⑩ステッチ芯ひもと⑪ステッチひもを、縁から0.5cm上の、縦ひもの表側に、洗濯バサミでとめる。

25 ⑪ステッチひもを⑩ステッチ芯ひもの上側の縦ひもにくるりと巻きつける。

26 続けて⑩ステッチ芯ひもの右下側の縦ひもにくるりと巻きつける。

27 25、26をくり返して1周する。⑩ステッチ芯ひもは切らずに重ね、⑪ステッチひもの編み始めと編み終わりは、余分をカットし、裏側で貼り合わせる。

28 ⑪ステッチひものもう1本も24〜27と同じ要領で、⑪ステッチひもの1本めと交差するように巻きつける。

29 ⑫編みひもで3本縄編みを1周＝1段、⑫編みひもで逆3本縄編みを1周＝1段する。それぞれ、編み終わりは編み始めの位置で内側に入れ、余分をカットし、編み始めのひも端と貼り合わせる。

30 ⑬編みひもで、追いかけ編みを6周＝12段する。余分をカットし、編み目の裏側に貼る。

31 ⑭編みひもで3本縄編みを1周＝1段、⑭編みひもで逆3本縄編みを1周＝1段する。余分をカットし、裏側に貼る。

❖ 縁を始末する

32 縦ひもを、最後の段の編みひもをくるむように内側に折る。

33 最後の追いかけ編みの上から1段めまたは2段めの編みひもから下に向かって、縦ひもを内側の編みひもに差し込む。
>>34ページ 27～28 参照。

34 縁の内側0.5cmにボンドをつけ、⑮端始末ひも1本を2周貼る。2周めは、1周めのひもにボンドをつけて貼る。

❖ 持ち手をつける

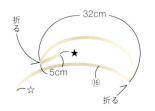

35 ⑯持ち手内ひも1本を2か所で折る。

36 ⑯持ち手内ひも1本の両端を外側から内側に通す。

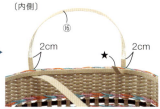

裏側の折り目の両端を2cmあけてボンドをつける。

37 ★側を貼り、続けて全体を貼る。

ひも端（★・☆）を突き合わせにして貼ってから、全体を貼る。

38 ⑰持ち手外ひも1本の片端を折る。

39 36で通した⑯持ち手内ひもと同じ位置に、⑰持ち手外ひもの両端を外側から内側に通す。

40 ⑰持ち手外ひもの裏側全体にボンドをつけ、▲側から貼り、⑯持ち手内ひもをはさむように貼る。△側の余分をカットする。

41 ⑱巻きひもと、持ち手の中央どうしを合わせ、端に向かって隙間なく巻く。

端から巻くと、その分、巻きひもが長くなって巻きにくいので、中央から半分ずつ巻くと作業しやすい。

42 巻き終わりは、⑯持ち手内ひもの根元の輪に通し、⑱巻きひもの裏側にボンドをつけて引っ張ってから、持ち手の際でカットする。

強く引っ張ってカットすることで、ひも端が中にかくれる。

43 持ち手の残りの半分も 41、42と同様に、⑱巻きひもを巻いてカットする。

44 もう一方の持ち手も 35～43と同様に作業をし、反対側の面につけて完成。

45

a
b

Ajiro bag

あじろ編みのかごバッグ photo 10 ページ

● **材料**
a／ハマナカ エコクラフト〔5m巻〕NO.8（黄）9巻、NO.30（オレンジ色）2巻
b／ハマナカ エコクラフト〔30m巻〕NO.128（つゆ草）1巻、〔5m巻〕NO.28（つゆ草）3巻、NO.2（白）2巻

● **でき上がりサイズ**
約横33×幅13.5×高さ24cm（持ち手含まず）

● **用意するひもの幅と本数** ※指定以外はaは黄、bはつゆ草。

① 横ひも ……………………… 12本幅 94cm×9本
② 縦ひも ……………………… 12本幅 74cm×23本
③ 編みひも（aはオレンジ色、bは白）…12本幅 96cm×8本
④ 編みひも ……………………… 12本幅 96cm×9本
⑤ 縁始末ひも …… 12本幅 97cm×1本
⑥ 持ち手内ひも … 8本幅 a 80cm、b 106cm×2本
⑦ 持ち手外ひも … 8本幅 a 81cm、b 107cm×2本
⑧ 巻きひも ……… 2本幅 a 420cm、b 560cm×2本

● **カット図**
※基本はb、〈 〉内はa。指定以外は共通。

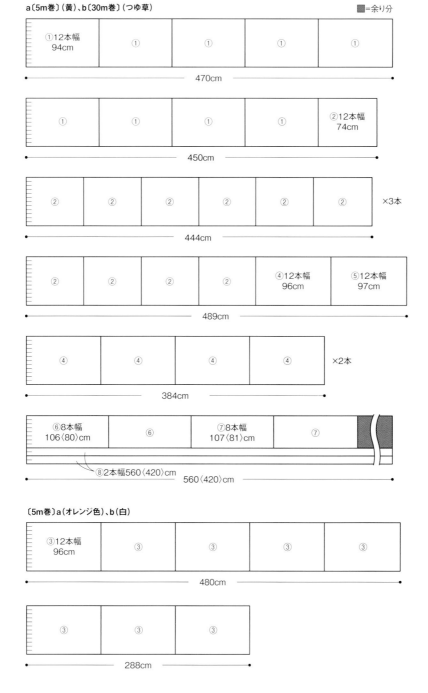

● 作り方
※基本はb。〈 〉内はa。指定以外は共通。

❖ エコクラフトをカットし、裂く

1 「カット図」を参照し、エコクラフトを指定の長さにカットし、裂く。①の横ひもと②の縦ひもの中央には印をつけておく。
>>28ページ「エコクラフトをカットし、裂く」参照。

❖ 底を作る　わかりやすいように①②のひもの色をかえて解説している。

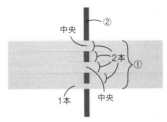
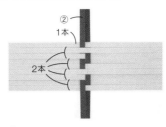
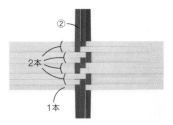

2 ①横ひも9本を中央の印を合わせて隙間がないように並べる。中央に②縦ひも1本を写真のように通す。

②縦ひもの中央の印と上下中央を合わせる。以下②縦ひもはすべて同様にする。

3 2の左側に、②縦ひも1本を写真のように通す。

4 3の左側に、②縦ひも1本を写真のように通す。

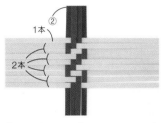
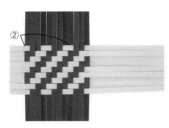
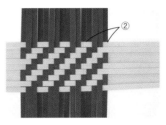
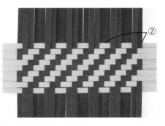

5 4の左側に、②縦ひも1本を写真のように通す。1模様ができた。

6 続けて、②縦ひも8本で2模様分通す。

❖ 側面を編む

7 中央に通したひもの右側に、②縦ひも4本を、5、4、3、2の順に通す。

8 7と同様に②縦ひも4本を通し、②縦ひもの残りの3本を、5、4、3の順に通す。

9 四隅の角を貼り合わせる。

10 裏返してから、四方に出ているひもを、定規をあてて立ち上げる。立ち上げたひもを縦ひもとする。
>>33ページ12参照。

11 ③編みひも1本を縦ひもの表側2本、裏側2本に交互に通す。

12 1周（1段）交互に通したら、編み始めのひも端と貼り合わせる。1段めが編めた。のり代の長さを測る（約3cm）。

つなぎ目が縦ひもの裏側にくるように、ずらす。ずらすことで、表側からつなぎ目がみえなくなり、美しく仕上がる。

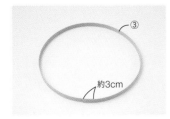

13 残りの③編みひもと、④編みひもの端を、それぞれ同じのり代分（約3cm）で重ねて貼り合わせ、輪にする。

14 輪にした③編みひも1本を、前段の③編みひもと縦ひも1本分ずらすようにして、表側2本、裏側2本に交互に通す。12と同様につなぎ目をずらす。

編みひもをすべての縦ひもにかぶせてから、縦ひもを2本おきに外側に引き出すようにすると作業しやすい。

15 残りの③編みひもを、14と同じ要領で編む。8段編めた。

3〜4段編むごとに指で編みひもをはさみ、編みひもどうしの間を詰めては洗濯バサミでとめて編む。

16 ④編みひも9本も、14と同じ要領で編む。

47

❖ 縁を始末する

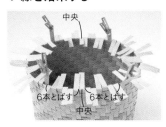

17 縦ひもの持ち手つけ位置4本に洗濯バサミをとめる。洗濯バサミをとめていない縦ひもを、最後の段の編みひもをくるむように内側と外側に折る。

18 外側に折った縦ひもを側面の、縁に一番近い差し込み可能な編みひもに差し込む。
>>34ページ 27〜28 参照。

19 ⑤縁始末ひもを縁にぐるりと半周巻きつけ、洗濯バサミで押さえる。

20 18を参照して、内側に折った縦ひもを、外側に折り、⑤縁始末ひもをくるむようにして側面外側の編み目に差し込む。残りの半周も同様に作業する。

⑤縁始末ひもを1周巻きつけて縦ひもを差し込むと、つれたような状態になるため、余裕をもたせるために半周ずつ作業する。

21 持ち手つけ位置の縦ひも2本(♡/20参照)は、端をそれぞれ1段分(場所によっては2段)ほどく。

22 ♡のひも端(◇)をそれぞれすぐ上の編みひもどうしの間に入れる。

23 側面内側の編みひもに差し込む。残りの持ち手つけ位置の縦ひも2本も、側面内側に折り、ボンドをつけて編みひもに差し込む。

❖ 持ち手をつける

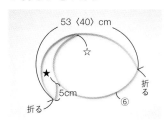

24 ⑥持ち手内ひも1本を2か所で折る。

25 ⑥持ち手内ひも1本の両端を外側から内側に通す。⑥持ち手内ひもの裏側の折り山の両端を3cmあけてボンドをつける。
>>45ページ 36 参照。

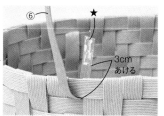

26 ★側を貼る。続けてひも端(★・☆)を突き合わせにして貼ってから、全体を貼る。

27 折り山2か所を手で押して、丸みを出す。

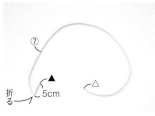

28 ⑦持ち手外ひも1本の片端を折る。

29 25で通した⑥持ち手内ひもと同じ位置に、⑦持ち手外ひもの両端を外側から内側に通す。裏側全体にボンドをつけて、▲側を貼り、⑥持ち手内ひもをはさむように貼る。△側の余分をカットする。
>>45ページ 39〜40 参照。

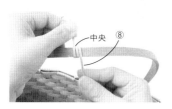

30 ⑧巻きひもと、持ち手の中央どうしを合わせ、端に向かって隙間なく巻く。巻き終わりは、⑥持ち手内ひもの根元の輪に通し、ボンドをつけて持ち手の際でカットする。
>> 45ページ 41〜42 参照。

31 持ち手の残りの半分も30と同様に、⑧巻きひもを巻いてカットする。

32 もう一方の持ち手も24〜31と同様にし、反対側の面につけて完成。

北欧風かご photo 21ページ

Hokuo kago

●材料
ハマナカ エコクラフトワイド〔10m巻〕NO.413（サンド） 小サイズ1巻、大サイズ2巻

●でき上がりサイズ
小サイズ 約横22.5×幅13.5×高さ9cm
大サイズ 約横27×幅18×高さ13.5cm

●用意するひもの本数 ※基本は小サイズ、〈 〉は大サイズ。すべて24本幅。

①編みひも…55〈77〉cm×4本
②編みひも…52〈74〉cm×4本
③編みひも…46〈68〉cm×4本
④編みひも…40〈62〉cm×4本
⑤編みひも（大サイズのみ）…〈56cm〉×4本

●作り方
※基本は小サイズ。〈 〉内は大サイズ。指定以外は共通。

❖ エコクラフトをカットし、裂く

1 「用意するひもの本数」を参照し、エコクラフトを指定の長さにカットする。①編みひもの中央に印をつけておく。
>> 28ページ「エコクラフトをカットし、裂く」参照。

❖ 底を作る

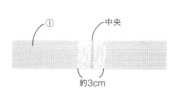

2 ①編みひも1本の印を中心に、幅約3cmにボンドをつける。

3 ①編みひものもう1本を、中央の印どうしを合わせて十字に貼る。残りの①編みひもの2本も同様に作業する。

> 縦になるひもを上にする。貼り合わせたら、洗濯バサミでおさえるとよい。

霧吹きをして水分を含ませると、ひもが扱いやすくなり、整えやすくなる。上下左右のひもを、交互に近づけたり、少し離したりし、少しずつ調整をするとよい。②〜④(大サイズは⑤も)の編みひもも、組んでは、霧吹きをして、編みひもどうしの間が約0.2cmになるように整えることを繰り返す。組みにくい場合は、洗濯バサミでとめて作業をするとよい。

4 十字の2組を、編みひもが互い違いになるように編む。編んだ部分に霧吹きをして、編みひもどうしの間が、約0.2cmになるように整える。

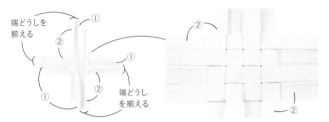 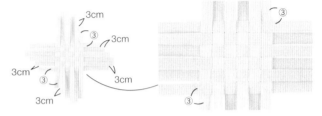

5 ②編みひも4本を、それぞれ①編みひもに沿わせ、編みひもが互い違いになるように編む。

6 ③編みひも4本を、それぞれ②編みひもに沿わせ、②編みひもの端から3cmずらして、編みひもが互い違いになるように編む。

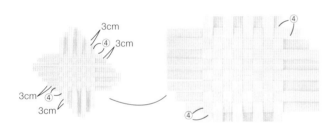 

7 ④編みひも4本を、それぞれ③編みひもに沿わせ、③編みひもの端から3cmずらして、編みひもが互い違いになるように編む。

大サイズの場合は
⑤編みひも4本を、それぞれ④編みひもに沿わせ、④編みひもの端から3cmずらして、編みひもが互い違いになるように編む。

❖ 側面を編む

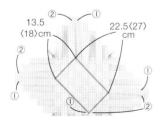  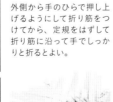 

8 市松状に編んだ部分の周囲の、①と②の編みひもの際の位置4か所を角として、長方形になるようにマスキングテープを貼る。長方形の部分が底になる。

市松状に組み終わったら、角4か所に洗濯バサミをとめると、編みひもが抜けたりせずに作業がしやすい。

9 マスキングテープの1辺の外側に定規を当て、編みひもを立ち上げ、折り目をつける。

外側から手のひらで押し上げるようにして折り筋をつけてから、定規をはずして折り筋に沿って手でしっかりと折るとよい。

10 残りの3辺も9と同様に作業する。

11 底の角（◆）をはさんで隣り合う編みひも（★と☆）を持つ。角の両側に三角形ができるよう、角の左側の編みひも（☆）〈右側の編みひも（★）〉を上にして重ね、洗濯バサミでとめる。残りの3か所の角も同様にとめる。

12 角（◆）の右側の編みひも（★）〈左側の編みひも（☆）〉を角から右側〈左側〉にある編みひもに編みひもが互い違いになるように編む。

13 角（◆）の左側の編みひも（☆）〈右側の編みひも（★）〉も、12と同じ要領で編みひもが互い違いになるように編む。

14 ★と☆の隣にある編みひもを12、13と同様に、編みひもが互い違いになるように編む。

15 残りの角も11〜14と同様に作業をし、上端の表側になる編みひもがすべて右上〈左上〉を向くように2段〈3段〉編む。全体に霧吹きをし、編みひもどうしの間が約0.2cmになるように整える。

各面の真ん中から面ごとに整える。

16 右上〈左上〉に伸びている編みひもを、編み終わりの端から編み目に沿わせて斜め左下〈右下〉に折る。

17 端を3目めの編み目に差し込む。

18 16、17と同様にして右上〈左上〉に伸びている編みひもすべてを、折って編み目に差し込む。

19 左上〈右上〉に伸びている編みひもすべてを、編み終わりの端から編み目に沿わせて斜め右下〈左下〉に折る。編み目2目分の長さより少し短めにカットする。

20 端を2目めの編み目に差し込む。

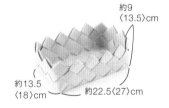

21 20と同様にしてすべての編みひもを、折って編み目に差し込む。

約9〈13.5〉cm
約13.5〈18〉cm
約22.5〈27〉cm

＼こんなこともできます！／

エコクラフト（12本幅）を24本幅にする方法

※わかりやすいようにエコクラフトの色をかえているが、実際は同色を使う。

❶テーブルまたはカッティングマットに両面テープを貼り、エコクラフト1本を固定する。もう1本のエコクラフトの長い辺にボンドをつける。

❷2本のエコクラフトの端どうしを合わせて貼り、指でボンドをなじませる。乾いたら、両面テープからはがす。

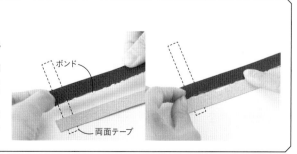

51

Mutsume bag

六つ目のかごバッグ photo 12ページ

● 材料
ハマナカエコクラフト〔30m巻〕NO.115（チョコレート）1巻

● でき上がりサイズ
約横25×幅9.5×高さ26cm（持ち手含まず）

● 用意するひもの幅と本数

①横ひも……6本幅　100cm×4本
②斜めひも……6本幅　120cm×16本
③編みひも……6本幅　100cm×8本
④縁外ひも……8本幅　70cm×1本
⑤縁内ひも……8本幅　67cm×1本
⑥持ち手内ひも……8本幅　63cm×2本
⑦持ち手外ひも……8本幅　64cm×2本
⑧巻きひも……2本幅　330cm×2本
⑨ステッチひも……1本幅　300cm×1本

● カット図

| ①6本幅100cm | ① | ②6本幅120cm | ② | ② | ② | ② |
| ① | ① | ② | ② | ② | ② | ② |

800cm

| ② | ② | ② | ③6本幅100cm | ③ | ③ | ③ |
| ② | ② | ② | ③ | ③ | ③ | ③ |

760cm

| ④8本幅70cm | ⑤8本幅67cm | ⑥8本幅63cm | ⑥ | ⑦8本幅64cm | ⑦ | 余り分 |

⑧2本幅330cm　　630cm　　⑨1本幅300cm

● 作り方

❖ エコクラフトをカットし、裂く

1　「カット図」を参照し、エコクラフトを指定の長さにカットし、裂く。①横ひも、②斜めひも、③編みひもの中央に印をつけておく。
>>28ページ「エコクラフトをカットし、裂く」参照。

❖ 底を作る

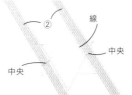

2　②斜めひも2本を型紙の線に当て、中央の印を合わせて置く。

ひも端を文鎮や重しで押さえ合うと作業がしやすい。

3　2の上に、②斜めひも2本も型紙の線に当て、中央の印を合わせて置く。

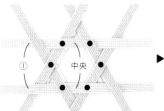

4　①横ひも2本を写真のように六つ目に編む。●の位置にボンドをつけてひもどうしを貼り合わせる。型紙をはずす。

六つ目に編むとは
六つ目に編むとは、3本のひもがそれぞれを押さえ合うように通すことで、編むときは、左上からのひもの下を、右上からのひもの上を通す。

六つ目のかごバッグ型紙

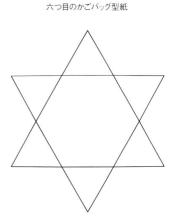

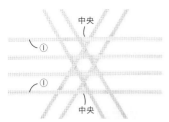
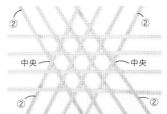
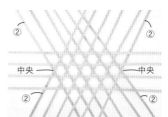
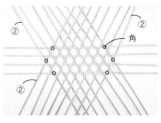

5 ①横ひも2本を写真のように六つ目に編む。

6 ②斜めひも4本を写真のように六つ目に編む。

7 ②斜めひも4本を写真のように六つ目に編む。

8 ②斜めひも4本を写真のように六つ目に編む。角（○の位置）にボンドをつけてひもどうしを貼り合わせる。六角形の底が編めた。

❖ 側面を編む

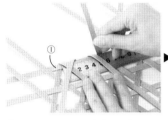
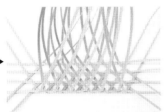
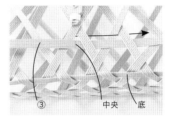

9 四方に出ている手前側と向こう側のひもを、定規を当てて立ち上げる。

底に対してできるだけ垂直になるように立ち上げる。

10 1段めは、長い辺の中央と③編みひも1本の中央を合わせ、洗濯バサミでとめる。③編みひもを、底と平行に右に向かって六つ目に編む。

貼り合わせる前に、型紙の六角形にできるだけ近づくように、ひもどうしの間を詰める。

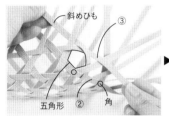
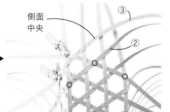

11 角の部分は③編みひもを斜めひもと交差させて五角形を作り、短い辺の側面中央まで、底の②斜めひもと平行になるように六つ目に編む。

必ず角の部分が五角形になるように。

12 10の中央から左に向かって、10、11と同様に短い辺の側面中央まで六つ目に編む。

13 ③編みひも1本で、反対側の面も10～12と同様に作業をし、短い辺の側面中央まで六つ目に編む。

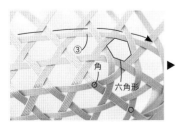
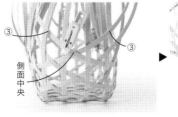
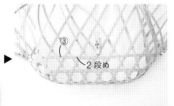
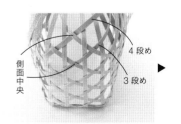

14 2段めも10～13と同様に作業をし、側面中央まで1段めと平行に六つ目に編むが、角の部分は六角形になる。

15 3、4段めも10～13と同様に作業をし、側面中央まで六つ目に編むが、角の部分は六角形になる。

53

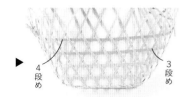
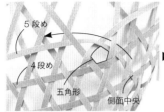
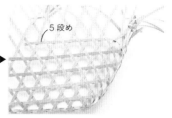

16 5段めは、3段めを編んだ短い辺の側面中央の編みひもを、前段（4段め）の編みひもと平行になるように中央まで六つ目に編む。角の部分は五角形になる。

必ず角の部分が五角形になるように。

17 反対側の短い辺の側面中央の編みひもも、16と同様に六つ目に編み、中央でひも端どうしを重ねておく。

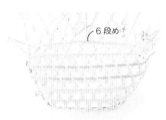
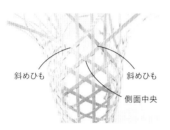

18 6段めは、4段めを編んだ編みひもで、16、17と同様に5段めと平行に六つ目に編むが、角の部分は六角形になる。

19 7段めは、短い辺の側面中央の、前段（6段め）を編んだ編みひものすぐ上の斜めひもそれぞれを、前段の編みひもと平行になるように中央まで六つ目に編む。

20 反対側の短い辺の側面中央の斜めひもも、19と同様に六つ目に編み、中央でひも端どうしを重ねておく。

21 8、9段めは、19、20と同様に作業をする。

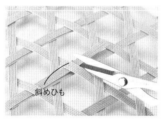

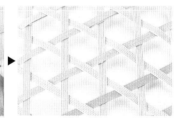

22 型紙の六角形にできるだけ近づけるように、ひもどうしの間を詰める。

23 外側に出ているひも端を、斜めひもに沿わせてカットする。

24 ひもどうしが重なる部分にボンドをつけて、貼り合わせる。

❖ 縁を始末する

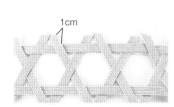

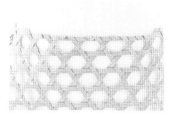

25 短い辺の側面以外のひも端を、1cm残してカットする。

26 ④縁外ひもと9段めのひもの下端どうしを揃え、側面に渡すように巻きつけ、洗濯バサミでとめる。④縁外ひもに沿って、側面のひもに印をつける。

27 印に沿ってカットする。

28 短い辺の側面以外のひも端を、9段めのひもをくるむようにして、外側と内側に折り、ボンドで貼る。

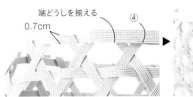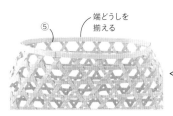

29 縁の外側 0.7cm にボンドをつけ、④縁外ひもを1周貼る。

貼り終わりは、貼り始めに重ねて貼る。

30 縁の内側に 0.7cm にボンドをつけ、⑤縁内ひもを1周貼る。貼り終わりは、貼り始めに重ねて貼る。

ボンドをつける前に、⑤縁内ひもを巻いて、洗濯バサミでとめ、くせをつけておくと貼りやすくなる。

❖ 持ち手をつける

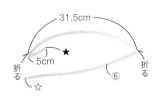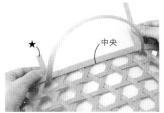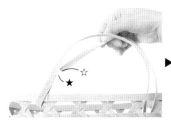

31 ⑥持ち手内ひも1本を2か所で折る。

32 ⑥持ち手内ひも1本の両端を外側から内側に通す。⑥持ち手内ひもの裏側にボンドをつけて、★側を貼る。
>>45ページ 36〜37 参照。

33 続けてひも端（★・☆）を突きあわせにして貼ってから、全体を貼る。

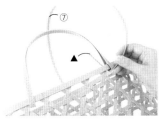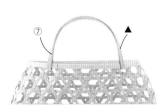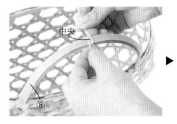

34 ⑦持ち手外ひも1本の片端を折る。

35 32 で通した⑥持ち手内ひもと同じ位置に、⑦持ち手外ひもの両端を外側から内側に通す。

36 裏側全体にボンドをつけて、▲側を貼り、⑥持ち手内ひもをはさむように貼る。△側の余分をカットする。

37 ⑧巻きひもと、持ち手の中央を合わせ、端に向かって隙間なく巻く。
>>45ページ 41〜42 参照。

❖ 縁にブランケットステッチをする

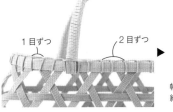

巻き終わりは、根元の輪に通し、ボンドをつけて持ち手の際でカットする。

38 持ち手の残りの半分も同様に、⑧巻きひもを巻いてカットする。もう一方の持ち手も 31〜38 と同様にし、反対側の面につける。

39 縁に⑨ステッチひもでブランケットステッチをする。縦ひもの間が広い部分は2目ずつ、せまい部分は1目ずつステッチを入れる。
>>ブランケットステッチは 31 ページ参照。

完成。
幅 約 9.5cm　約 25cm　約 26cm

北欧風持ち手つきかご　photo 20ページ

Hokuo handle kago

- ●材料
  ハマナカ エコクラフト〔5m巻〕NO.1（ベージュ）　2巻
- ●でき上がりサイズ
  約横11.5×幅5×高さ11.5cm（持ち手含まず）
- ●用意するひもの幅と本数
  ①編みひも……12本幅　53cm×6本　　③編みひも……12本幅　48cm×4本
  ②編みひも……12本幅　51cm×4本　　④持ち手ひも……6本幅　60cm×4本

●カット図

| ①12本幅 53cm | ① | ① | ① | ① | ① | ②12本幅 51cm | ② | ② |

471cm

| ② 12本幅 51cm | ③12本幅 48cm | ③ | ③ | ④6本幅 60cm | ④ |
| | | | | ④ | ④ |

363cm

●作り方

❖ エコクラフトをカットし、裂く

1 「カット図」を参照し、エコクラフトを指定の長さにカットし、裂く。①編みひもの中央に印をつけておく。
>>28ページ「エコクラフトをカットし、裂く」参照。

❖ 底を作る

  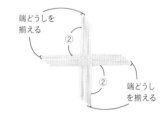

2 ①編みひも2本の印を中心に、幅1.5cmにボンドをつけ、十字に貼る。十字に貼ったものを3組用意し、2組を編みひもが互い違いになるように編み、整える。
>>49ページ 2〜4参照。

3 もう1組の①編みひもも、編みひもが互い違いになるように編む。

4 ②編みひも4本を、それぞれ①編みひもに沿わせ、編みひもが互い違いになるように編む。

あずま袋の作り方　photo 12ページ

●材料
布（生成り）　122cm×42cm

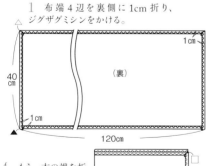

1 布端4辺を裏側に1cm折り、ジグザグミシンをかける。

2 中表に折り、上側を縫う。

3 片端（▲）を折り上げる。

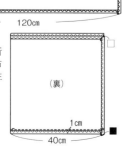 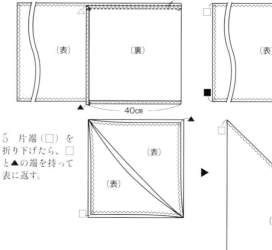

4 もう一方の端を折り、3で折り上げた布を縫わないように注意して、下側を縫う。

5 片端（□）を折り下げたら、□と▲の端を持って表に返す。

56

❖ 側面を編む

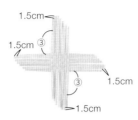
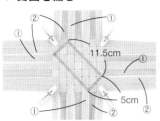

5 ③編みひも4本を、それぞれ②編みひもに沿わせ、②編みひもの端から1.5cmずらして、編みひもが互い違いになるように編む。

6 市松状に組んだ部分の周囲の、①と②の編みひもの際の位置4か所を角として、長方形になるようにマスキングテープを貼る。長方形の部分が底になる。

市松状に組み終わったら、角4か所を洗濯バサミでとめると、編みひもが抜けたりせずに作業がしやすい。

7 マスキングテープの1辺の外側に定規を当て、編みひもを立ち上げ、折り目をつける。残りの3辺も同様に作業する。

>>50ページ9参照。

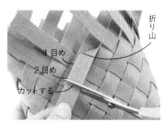

8 底の角から、編みひもを編み目が互い違いになるようにして5段編み、編み目を整える。

>>51ページ11〜15の大サイズ(〈〉内)の編み方を参照。

9 左上に伸びている編みひもを、編み終わりの端から編み目に沿わせて斜め左下に折る。

折り山が底と平行になるように折る。

10 編み目2目分の長さより少し短めにカットする。

11 端を2目めの編み目に差し込む。

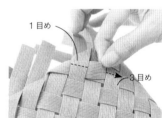
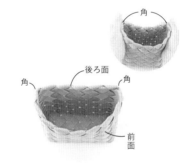

12 9〜11と同様にして左上に伸びている編みひもすべてを、折って編み目に差し込む。

13 右上に伸びている編みひもすべてを、編み終わりの端から編み目に沿わせて斜め右下に折る。編み目3目分の長さより少し短めにカットする。

14 端を1目めの編み目に通してから、3目めの編み目に差し込む。

15 13、14と同様にしてすべての編みひもを、折って編み目に差し込む。角2か所を手で押さえ、角をしっかりと出し、かまぼこ形にする。

❖ 持ち手を作る

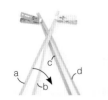

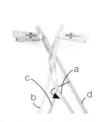

16 ④持ち手ひも2本を左側が上になるようにV字に重ねて、洗濯バサミでとめる。もう2本も同様にとめる。

17 16を重ねて洗濯バサミでとめ直す。矢印のようにaをbとcの間に入れる。

18 cをbとaの間に入れる。

19 dをbとcの間に下から通して、cとaの間に入れる。

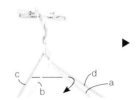 

20 bをdとaの間に下から通して、cとdの間に入れる。

21 aをcとbの間に下から通して、bとdの間に入れる。

22 cをaとdの間に下から通して、bとaの間に入れる。

 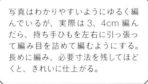 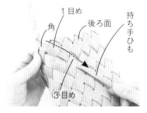 

写真はわかりやすいようにゆるく編んでいるが、実際は3、4cm編んだら、持ち手ひもを左右に引っ張って編み目を詰めて編むようにする。長めに編み、必要寸法を残してほどくと、きれいに仕上がる。

23 19〜22をくり返して、④持ち手ひもの端まで編む。両端から編み目をほどき、22cmにする。持ち手ができた。

24 15の角の外側の際の編み目に、持ち手のひも1本を差し込む。

1目めの編み目に通してから、3目めの編み目に差し込む。

25 持ち手のひも1本を、24の持ち手のひもとV字になるようにして、編み目に差し込む。

26 24、25の持ち手のひもを内側に寄せる。持ち手のひもの際の編み地にボンドをつけてから、持ち手のひもを矢印のように外側にずらして貼りとめる。

27 持ち手のひもの余分を、編み目の際でカットする。

28 内側の編み目にも、24〜27と同様の作業をし、持ち手のひも2本を差し込む。

29 28の反対側に持ち手ひものもう一方を、24〜28と同様に差し込んで完成。

58

One handle bag

ワンハンドルバッグ photo 13 ページ

● 材料
ハマナカ エコクラフト〔5m巻〕NO.14（マロン）3 巻
ハマナカ エコクラフト〔5m巻〕NO.13（サンド）1 巻

● でき上がりサイズ
約横 21 ×幅 12.5 ×高さ 18.5cm（持ち手含まず）

● 用意するひもの幅と本数 ※指定以外はマロン。

① 横ひも	6本幅 72cm × 5本	⑨ 編みひも	4本幅 350cm × 2本
② 横ひも	8本幅 15cm × 4本	⑩ 編みひも	4本幅 250cm × 2本
③ 縦ひも	6本幅 60cm × 9本	⑪ 編みひも（サンド）	1本幅 80cm × 24本
④ 始末ひも	6本幅 7.5cm × 2本	⑫ 持ち手内ひも（サンド）	12本幅 25cm × 1本
⑤ 編みひも	2本幅 330cm × 2本	⑬ 持ち手始末ひも	12本幅 12cm × 1本
⑥ 差しひも	6本幅 26cm × 8本	⑭ 持ち手外ひも（サンド）	12本幅 26cm × 1本
⑦ 編みひも	4本幅 410cm × 2本	⑮ 持ち手飾りひも	4本幅 15cm × 1本
⑧ 編みひも（サンド）	2本幅 80cm × 6本	⑯ 巻きひも（サンド）	2本幅 440cm × 1本

● カット図

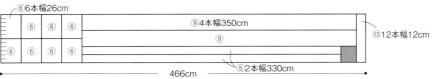

● 作り方

❖ エコクラフトをカットし、裂く

1 「カット図」を参照し、エコクラフトを指定の長さにカットし、裂く。①、②の横ひも、③縦ひもの2本、⑮持ち手飾りひもには中央に印をつけておく。

>>28ページ「エコクラフトをカットし、裂く」参照。

❖ 底を作る

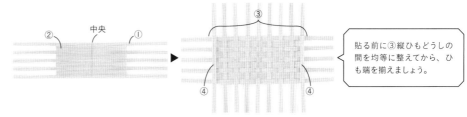

2 ①横ひも、②横ひもを1本ずつ交互に、中央の印を合わせて隙間がないように並べる。

>>33ページ 1〜10 参照。

③縦ひも、④始末ひもを入れて貼る。

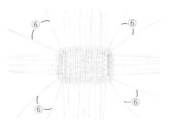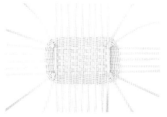

3 ⑤編みひもで追いかけ編みを3周＝6段する。⑤編みひも2本はそのままにしておく。

>> 追いかけ編みは30ページ参照。

4 ⑥差しひもを四隅の角に2本ずつ貼る。3でそのままにしておいた⑤編みひもで追いかけ編みを2周＝4段する。

>>43ページ7〜8参照。

5 ⑤編みひもでねじり編みを1周＝1段編む。余分をカットして貼る。

>> ねじり編みは30ページ参照。

❖ 側面を編む

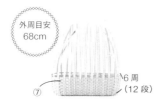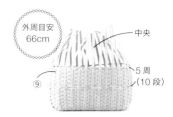

6 四方に出ているひもを内側に丸みを出すように立ち上げる。立ち上げたひもを縦ひもとする。

>>43ページ9参照。

7 ⑦編みひもで追いかけ編みを6周＝12段する。余分をカットし、裏側に貼る。

8 ⑧編みひもで3本縄編みを1周＝1段、⑧編みひもで逆3本縄編みを1周＝1段する。編み終わりは内側に入れ、余分をカットし、編み始めのひも端と貼り合わせる。

>>3本縄編みは30ページ、逆3本縄編みは44ページ参照。

9 ⑨編みひもで追いかけ編みを5周＝10段、内側に少しすぼめるようにして編む。余分をカットし、裏側に貼る。

引き返し編み（31ページ参照）

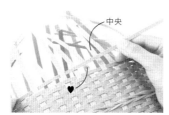

10 ⑩編みひもの端を0.5cm折り、ボンドをつけて中央の縦ひもの隣の縦ひも（♡）の裏側に貼る。

11 向こう側の中央の1本手前の縦ひも（♥）まで前段の編みひもと上下交互になるように編む。

12 縦ひも（♥）に巻きつけるように引き返して、内側にまわす。

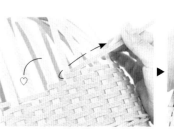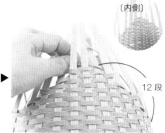

13 縦ひも（♥）に沿わせて折り、前段の編みひもと上下交互になるように手前側の縦ひも（♡）の1本手前まで編む。

14 12、13を繰り返すようにし、12段編む（6回折り返す）。余分をカットして、縦ひもの裏側に貼る。

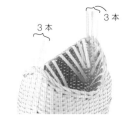

15 反対側の面も10〜14と同様に作業する。

16 ⑪編みひもを4本合わせてひとまとめにし（1セット）、端にボンドをつける。3セット用意する。

17 3セット（⑪編みひも12本）で3本縄編みを1段編む。同様に3セット（⑪編みひも12本）で逆3本縄編みを1段編む。編み終わりは内側に入れ、余分をカットし、編み始めのひも端と貼り合わせる。

18 縦ひもを、両側面の3本ずつを残して、内側に折る。

❖ 縁を始末する

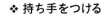

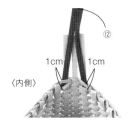

19 最後の引き返し編みの編みひもから下に向かって、縦ひもを側面内側の編みひもに差し込む。
>>34ページ27〜28参照。

20 ⑫持ち手内ひもと、⑭持ち手外ひもの両端を、それぞれ7cmずつ6本幅分、はさみでカットする。

21 ⑫持ち手内ひもの両端を、縦ひもに沿わせて側面内側の編みひも1cmにそれぞれ差し込む。

22 ボンドをつけて、両側の縦ひも2本と貼り合わせる。

❖ 持ち手をつける

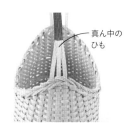

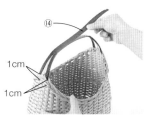

23 真ん中の縦ひもを貼る。

24 縦ひもどうしの間に、⑬持ち手始末ひもを貼る。余分はカットする。

25 ⑭持ち手外ひもの片端を、縦ひもに沿わせて側面外側の編みひも1cmに差し込む。裏側全体にボンドをつけ、持ち手に沿わせて貼る。

26 もう一方の端を、縦ひもに沿わせて側面外側の編みひもに差し込む。

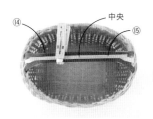
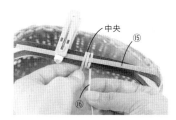

27 ⑭持ち手外ひもの中央に、⑮持ち手飾りひもの印を合わせてのせ、洗濯バサミでとめる。

28 ⑯巻きひもと、持ち手の中央どうしを合わせる。⑮持ち手飾りひもの上に2回巻きつける。⑮持ち手飾りひもの下に1回巻きつける。ひと模様ができた。

29 合計8模様くり返す。続けて、端まで隙間なく巻く。内側で余分をカットし、裏側にボンドをつけて、⑯巻きひもの中に入れる。

30 持ち手の残りの半分も28、29と同様に作業をする。

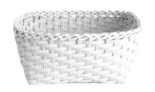

Tappuri shuno kago

たっぷり収納かご photo 25 ページ

●材料
ハマナカ エコクラフト〔30m巻〕NO.120（グレー）1巻

●でき上がりサイズ
約横 21 ×幅 21.5 ×高さ 11cm

●用意するひもの幅と本数
① 横ひも……… 6 本幅　54cm × 13 本
② 横ひも……… 8 本幅　21cm × 12 本
③ 縦ひも……… 6 本幅　54cm × 13 本
④ 始末ひも…… 6 本幅　21.5cm × 2 本
⑤ 編みひも…… 6 本幅　770cm × 2 本
⑥ 縁編みひも… 4 本幅　252cm × 1 本
⑦ 縁編みひも… 4 本幅　180cm × 3 本

●カット図

● 作り方

❖ エコクラフトをカットし、裂く。　❖ 底を作る

1　「カット図」を参照し、エコクラフトを指定の長さにカットし、裂く。①、②の横ひも、③縦ひもの2本には中央に印をつけておく。

>>28ページ「エコクラフトをカットし、裂く」参照。

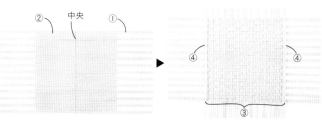

2　①横ひも、②横ひもを1本ずつ交互に、中央の印を合わせて隙間がないように並べる。

>>33ページ1〜10参照。

3　③縦ひも、④始末ひもを入れて貼る。

貼る前に③縦ひもどうしの間を均等に整えてから、ひも端を揃えましょう。

❖ 側面を編む　　　　とばし編み

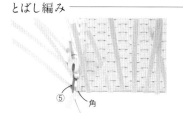

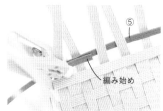

3　四方に出ているひもを、定規をあてて立ち上げる。立ち上げたひもを縦ひもとする。

>>33ページ12参照。

4　⑤編みひも1本を角から2本めの縦ひもに洗濯バサミでとめる。

5　角のひもから、ひも2本とばして3本めの縦ひもにかけて出す。

6　5をくり返して1周＝1段編んだら、編み始めのひも端と貼り合わせる。

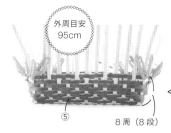

外周目安95cm

7　続けて、⑤編みひもを外側に広げるようにしてとばし編みで8周＝8段編む。

外側に広げるときは、1面を編んだら、底を指で軽く押し上げて反らせるようにし、縦ひもどうしの間に余裕をもたせてから面の両端を洗濯バサミでとめることをくり返すとよい。

外周目安100cm

8　続けて、⑤編みひもをつなぎながら、外側に広げるようにしてとばし編みで8周＝8段編む。余分をカットし、縦ひもの裏側に貼る。

>>編みひものつなぎ方は29ページ参照。

9　縦ひもを、最後の段の編みひもをくるむように内側と外側に折る。

❖ 縁をかがる

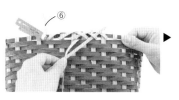
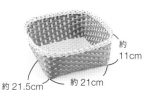

約11cm　約21.5cm　約21cm

10　上から2段めまたは3段めの編みひもから下に向かって、縦ひもを側面外側と側面内側の編みひもにそれぞれ差し込む。

>>34ページ27〜28参照。

11　⑥、⑦の縁編みひもをつなぎながら、縁を編む。

>>縁の編み方は66〜68ページ25〜42参照。

Simple stitch bag

シンプルステッチバッグ photo 7 ページ

●**材料**
ハマナカ エコクラフト〔30m巻〕NO.112（モスグリーン）1巻
ハマナカ エコクラフト〔5m巻〕NO.20（グレー）1巻

●**でき上がりサイズ**
約横30×幅7.5×高さ19cm（持ち手含まず）

●**用意するひもの幅と本数** ※指定以外はモスグリーン。

① 横ひも	12本幅 80cm×3本	⑦ 持ち手内ひも	6本幅 100cm×2本
② 横ひも	12本幅 30cm×2本	⑧ 持ち手外ひも	6本幅 101cm×2本
③ 縦ひも	12本幅 60cm×11本	⑨ 持ち手飾りひも	3本幅 30cm×2本
④ 始末ひも	12本幅 8cm×2本	⑩ 巻きひも	2本幅 460cm×2本
⑤ 編みひも	6本幅 77cm×14本	⑪ 縁編みひも	4本幅 300cm×2本
⑥ 編みひも	12本幅 77cm×6本	⑫ ステッチひも（グレー）	1本幅 200cm×2本

●**カット図** 〔モスグリーン〕 ■=余り分

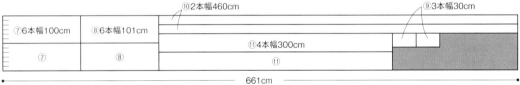

〔グレー〕

●**作り方**

❖ **エコクラフトをカットし、裂く**

1 「カット図」を参照し、エコクラフトを指定の長さにカットし、裂く。①、②の横ひも、③縦ひも2本、⑨持ち手飾りひもの中央に印をつけておく。

>>28ページ「エコクラフトをカットし、裂く」参照。

❖ **底を作る**

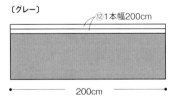

2 ①横ひも、②横ひもを1本ずつ交互に、中央の印を合わせて隙間がないように並べる。

>>33ページ1〜10参照。

3 ③縦ひも、④始末ひもを入れて貼る。

貼る前に③縦ひもどうしの間を均等に整えてから、ひも端を揃えましょう。

❖ 側面を編む

>>34ページ 14〜24 参照。

3 四方に出ているひもを、立ち上げる。立ち上げたひもを縦ひもとする。

4 ⑤編みひもの端が縦ひもの裏側にくるように洗濯バサミでとめ、表側1本、裏側1本に交互に通す。

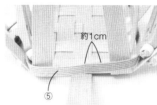

5 1周（1段）交互に通したら、編み始めのひも端と貼り合わせる。1段めが編めた。のり代の長さを測る（約1cm）。

6 残りの⑤編みひもと、⑥編みひものひも端を、それぞれ5と同じのり代分（約1cm）で重ねて貼り合わせ、輪にする。

7 ⑥編みひも1本を、前段の⑤編みひもと端を縦ひも1本分ずらすようにして、編みひもが互い違いになるように編む。2段めが編めた。

8 ⑤編みひも1本を、7と同じ要領で編む。3段編めた。

9 7、8と同様に5回くり返す。13段編めた。

10 残りの⑤編みひもを、7と同じ要領で編む。

❖ 縁を始末する

11 縦ひもを、最後の段の編みひもをくるむように内側と外側に折る。

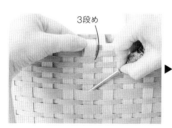

12 外側に折った縦ひもを、上から3段めの編みひもから下に向かって、側面外側の編みひもに差し込む。

>>34ページ 27〜28 参照。

13 内側に折った縦ひもも、12と同じ要領で、側面内側の編みひもに差し込む。角4か所を手で押さえ、角をしっかりと出す。

❖ 持ち手をつける

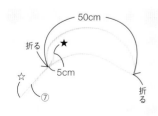

14 ⑦持ち手内ひも1本を2か所で折る。

15 ⑦持ち手内ひも1本の両端を、側面の角に外側から内側に通す。

>>45ページ 36〜37 参照。

裏側全体にボンドをつけ、★側を貼る。続けてひも端（★・☆）を突き合わせにして貼ってから、全体を貼る。

 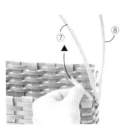  

16 ⑧持ち手外ひも1本の片端を折る。

17 15で通した⑦持ち手内ひもと同じ位置に、⑧持ち手外ひもの両端を外側から内側に通す。

18 ⑧持ち手外ひもの裏側全体にボンドをつけ、▲側を貼り、⑦持ち手内ひもをはさむように貼る。△側の余分をカットする。

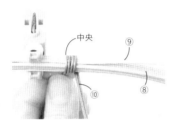 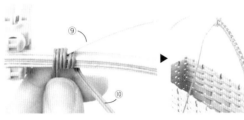

19 ⑧持ち手外ひもの中央に⑨持ち手飾りひもの中央の印を合わせてのせ、洗濯バサミでとめる。

20 ⑩巻きひもと、持ち手の中央どうしを合わせる。⑩巻きひもを⑨持ち手飾りひもの上に2回巻きつける。

21 ⑨持ち手飾りひもの下に1回巻きつける。ひと模様ができた。合計16回くり返す。

❖ 縁編み

 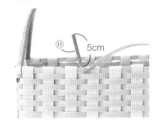

22 続けて、⑩巻きひもを端まで隙間なく巻く。巻き終わりは、⑦持ち手内ひもの根元の輪に通し、ボンドをつけて持ち手の際でカットする。
>>45ページ 42参照。

23 持ち手の残りの半分も20～22と同様にする。

24 もう一方の持ち手も14～23と同様に作業をし、反対側の面につける。

25 ⑪縁編みひもを最後の段の編みもの下に、外側から内側に通し、ひも端を5cm出す。

 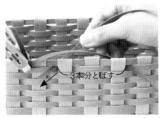 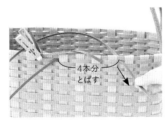

26 縦ひも4本分とばして進み、反対側のひも端を内側から外側に出す。

27 縦ひも3本分とばして戻り、内側から外側に出す。

28 26と同様に、縦ひも4本分とばして進み、内側から外側に出す。

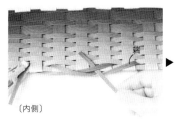
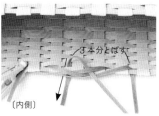

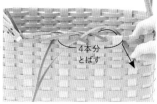

29 斜めに渡っているひもの、端から1本手前のひも下を通す。

縦ひも3本分とばして戻り、内側から外側に出す。

30 斜めに渡っているひもの、端から1本手前のひも下を通す。

縦ひも4本分とばして進み、ひも端を内側から外側に出す。

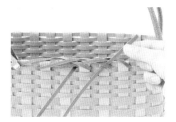
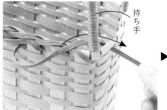
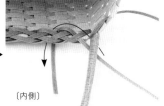

31 持ち手の手前まで、29、30をくり返す。

32 持ち手の部分も29、30と同様に作業するが、持ち手の内側を通して進む。

持ち手の外側を通して戻る。

33 続けて持ち手の外側を通して進んだら、持ち手の内側を通して戻る。

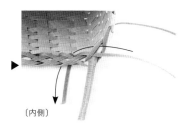
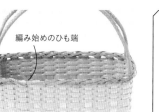

34 29、30、32、33をくり返して、ひもをつなぎながら編み始め近くまで編む。

ひもをつなぐときは

斜めに渡っている上のひもと平行になるようにカットし、ボンドをつけて、新しいひも端を編み終わったひもの下に入れ込む。

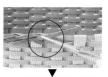

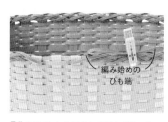
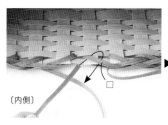
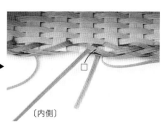

35 編み始めの近くまで編んだら、5cm残しておいたひも端を外側に引っ張り出して、編み始め側の編み目に重ねて洗濯バサミでとめる。29、30と同様に作業をし、編み始めの手前まで編む。

ひも端を一緒に編んでしまわないように、洗濯バサミでとめてよけておく。

36 斜めに渡っている内側の編み始めのひも（□）の下を通してから、内側から外側に出す。

37 斜めに渡っている外側の編み始めのひも（■）の下を通したら、内側の斜めに渡っているひもの、端（36 □）の隣のひも下を通す。

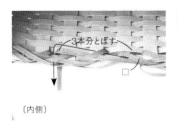
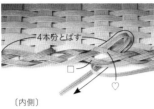
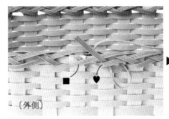
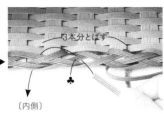

38 縦ひも3本分とばして戻り、内側から外側に出す。外側に斜めに渡っているひもの、端（37■）の隣のひも下を通す。

39 縦ひも4本分とばして進み、写真のように斜めに渡っている内側のひも（♡）の下を通してから、外側に出す。

40 写真のように斜めに渡っている外側のひも（♥）の下を通してから、内側のひも（♣）の下を通して、縦ひも3本分とばして戻る。

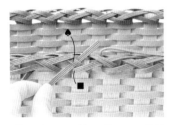

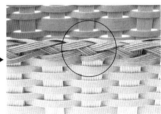

41 写真のように斜めに渡っている外側のひも（♠）の下を通し、ひもを引き締める。

42 斜めに渡っている上のひも（♠）の端と平行にカットする。

ボンドをつけて編み始めのひも端を編み目の下を通し、編み終わりのひも端と貼り合わせる。

余分をカットする。

❖ ステッチを入れる

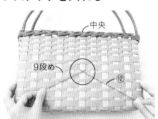
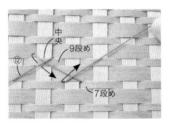
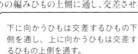
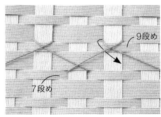

43 ⑫ステッチひもの1本を底から9段めの左右中央の編みひもの上側に通し、中央で交差させる。

44 通した⑫ステッチひもの片方を7段めの編みひもの上側に通し、交差させる。

下に向かうひもは交差するひもの下側を通し、上に向かうひもは交差するひもの上側を通す。

45 9段めの編み目の上側に通し、交差させる。

46 44と45をくり返して1周する。

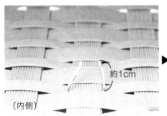

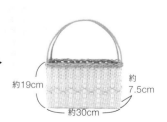

47 内側でひもの両端を約1cmを残してカットし、ボンドで貼る。

48 ⑫ステッチひものもう1本も、43～47と同じ要領で7段めの編み目の下側と9段めの編み目の下側の縦ひもに通して1周し、ひもの両端をボンドで貼る。

完成。

約19cm 約7.5cm 約30cm

Antique kago

アンティーク風ふたつきかご photo 8ページ

● **材料**
ハマナカ エコクラフト〔30m巻〕NO.122（あいいろ）1巻

● **でき上がりサイズ**
約横16.5×幅13×高さ16.5cm（持ち手含まず）

● **用意するひもの幅と本数**

①横ひも	6本幅	40cm×5本
②横ひも	8本幅	11cm×4本
③縦ひも	6本幅	34cm×7本
④始末ひも	6本幅	7.5cm×2本
⑤編みひも	2本幅	280cm×2本
⑥差しひも	6本幅	14cm×8本
⑦編みひも	4本幅	240cm×2本
⑧編みひも	2本幅	70cm×6本
⑨横ひも	6本幅	54cm×5本
⑩横ひも	8本幅	11cm×4本
⑪縦ひも	6本幅	48cm×7本
⑫始末ひも	6本幅	7.5cm×2本
⑬編みひも	2本幅	280cm×2本
⑭差しひも	6本幅	22cm×8本
⑮編みひも	2本幅	490cm×2本
⑯編みひも	2本幅	80cm×6本
⑰編みひも	4本幅	510cm×2本
⑱編みひも	2本幅	70cm×6本
⑲縁内ひも	12本幅	56cm×1本
⑳留め具ひも	3本幅	50cm×1本
㉑留め具つけひも	1本幅	25cm×1本
㉒留め具通しひも	4本幅	7cm×1本
㉓留め具ループひも	2本幅	17cm×1本
㉔留め具ループ巻きひも	1本幅	25cm×1本
㉕持ち手リングひも	2本幅	8cm×4本
㉖持ち手ひも	6本幅	90cm×2本
㉗三つ編みひも	1本幅	70cm×18本
㉘留め具ループつけひも	1本幅	25cm×1本
㉙リングつけひも	1本幅	25cm×4本

● **カット図**

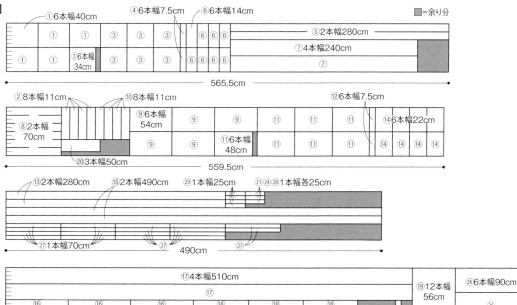

✤ **ふた・底を作る**

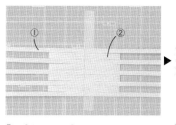

貼る前に③縦ひもどうしの間を均等に整えてから、ひも端を揃えましょう。

● **作り方**

✤ **エコクラフトをカットし、裂く**

1 「カット図」を参照し、エコクラフトを指定の長さにカットし、裂く。①、②、⑨、⑩の横ひも、③、⑪の縦ひもの2本には中央に印をつけておく。

\>\>28ページ「エコクラフトをカットし、裂く」参照。

2 ①横ひも、②横ひもを1本ずつ交互に、中央の印を合わせて隙間がないように並べる。

\>\>33ページ 1〜10参照。

3 ③縦ひも、④始末ひもを入れて貼る。

69

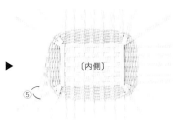

ねじり編み (30ページ参照)

3 ⑤編みひもで追いかけ編みを3周=6段する。⑤編みひも2本はそのままにしておく。

>> 追いかけ編みは30ページ参照。

4 ⑥差しひもを四隅の角に2本ずつ貼る。

>> 43ページ7〜8参照。

5 3でそのままにしておいた⑤編みひもで追いかけ編みを2周=4段する。

5 裏に返し、⑤編みひもを、外側に出す。

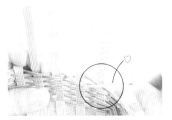

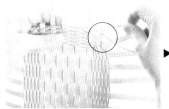
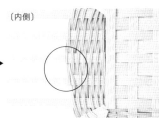

6 手前のひも(♡)を向こう側のひもの上で交差させる。

7 ひも(♡)を縦ひもにかける。

8 6、7をくり返して、2本の編みひもが互い違いになるように1段編む。余分をカットし、縦ひもの裏側に貼る。

❖ ふた・側面を編む

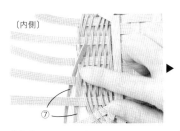

外周目安 55cm

4周(8段)

9 縦ひもを内側にゆるやかに丸みを出すように立ち上げる。立ち上げたひもを縦ひもとする。

>> 43ページ9参照。

10 ⑦編みひもで追いかけ編みを4周=8段編む。

4周=8段編んだら、周囲の長さを測っておく。この長さが本体の入れ口の周囲の長さの目安になる。余分をカットし、裏側に貼る。

編み始めは、⑦編みひもを少し斜めになるように貼りとめることで、外側から見たときにひも端が見えなくなる。
立ち上がりの丸みをいかして編む。角の部分は縦ひものV字の間をせばめないようにし、それ以外の縦ひもの部分は、ひもどうしを平行に保つことを心がけるとよい。

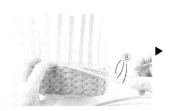

11 ⑧編みひもで3本縄編みを1周=1段、⑧編みひもで逆3本縄編みを1周=1段する。

>> 3本縄編みは30ページ、逆3本縄編みは44ページ参照。

編み終わりは内側に入れ、余分をカットし、それぞれ編み始めのひも端と貼り合わせる。

12 縦ひもを、最後の段の編みひもをくるむように内側に折る。

❖ 本体・底を作る

14 ①横ひもは⑨横ひもに、②横ひもは⑩横ひもに、③縦ひもは⑪縦ひもに、④始末ひもは⑫始末ひもに、⑤編みひもは⑬編みひもに、⑥⑭差しひもに替えて、2〜9と同様に作業する。

❖ 本体・側面を編む

	⑮編みひも	⑰編みひも
編み始め側	54cm	66cm
	54.5cm	65cm
	56.5cm	63.5cm
	58.5cm	62cm
	60cm	60.5cm
	61.5cm	59cm
	63cm	57.5cm
編み終わり側	64cm	55cm

15 ⑮と⑰の編みひも1本ずつに、端から表のように8か所ずつ印をつける。この印が各周の外周目安になる。

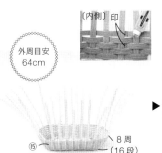

13 最後の追いかけ編みの上から1段めまたは2段めの編みひもから下に向かって、縦ひもを側面内側の編みひもに差し込む。
>>34ページ 27〜28 参照。

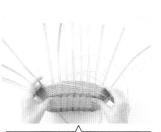

外側に広げるときは、1面を編んだら、底を指で軽く押し上げて反らせるようにし、縦ひもどうしの間に余裕をもたせることをくり返すとよい。

16 ⑮編みひもで追いかけ編みを8周=16段する。編み始めは10と同様に貼りとめ、外側に広げるようにして編む。1周ごとに、できるだけ15でつけた印の位置を合わせることを心がけるとよい。

17 11と同様に、⑯編みひもで3本縄編みを1周=1段、逆3本縄編みを1周=1段編む。

18 ⑰編みひもで追いかけ編みを8周=16段する。内側にすぼめるようにして編むが、15でつけた印の位置を合わせることを心がけるとよい。最終段の周囲が、10で測ったふたの周囲のサイズになるようにする。

追いかけ編みをする前に、縦ひもを内側に折り込んでおく。そうすることで、すぼめやすくなる。各段の縦ひもどうしの間は、できるだけ均等になるように。

19 11と同様に、⑱編みひもで3本縄編みを1周=1段、⑱編みひもで逆3本縄編みを1周=1段編む。

20 縦ひもの、ふた接続位置(中央から1本分とばしたところ)2本に洗濯バサミをとめる。そのほかの縦ひもを、最後の段の編みひもをくるむように内側に折る。

21 13と同じ要領で、1段めまたは2段めの編みひもから下に向かって、縦ひもを側面内側の編みひもに差し込む。

❖ 留め具部分を作る

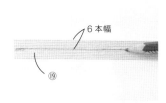

22 ⑲縁内ひもの上下中央に線を引く。

23 縁の内側0.7cmにボンドをつけ、⑲縁内ひもを22でつけた線と縁を合わせて1周貼る。貼り終わりは重ねて貼る。

24 ⑳留め具ひもの端をラジオペンチではさみ、6周巻いて円形にする。6周めの端にボンドをつけて貼りとめる。

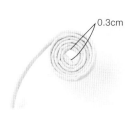

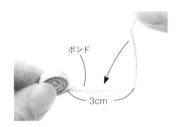

25 V字に折り、ボンドをつけて貼り合わせる。

26 ⑳留め具ひもの裏側にボンドを薄くつけて、円形の部分とV字に折った部分に沿わせてぐるりと巻きつけて貼り合わせる。

全体に薄くボンドをつけて乾かす。留め具ができた。

27 ㉑留め具つけひもを留め具の穴に通し、2本一緒にひと結びする。

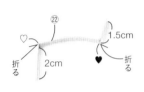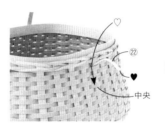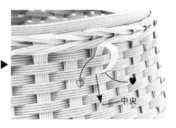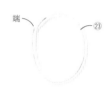

28 ㉒留め具通しひもを2か所で折る。

29 ㉒留め具通しひもの片端を、本体中央の最後の追いかけ編みの上から2段めの編みひもから下に向かって、側面外側の編み目にボンドをつけて差し込む。

すぐ下にもう一方の端もボンドをつけて差し込む。

30 ㉓留め具ループひもで端どうしが突き合わせの位置になるように2重の楕円形の輪を作り、貼り合わせる。

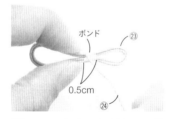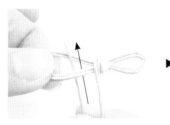

31 上から1cmを指でつぶす。

32 つぶした部分にボンドをつけ、㉔留め具ループ巻きひもを3回巻きつけて貼りとめる。

33 下穴に、㉔留め具ループ巻きひもの端を入れ、引き締める。余分をカットして貼る。

留め具ループができた。

❖ 留め具、持ち手をつける

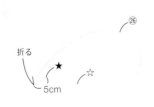

34 ㉕持ち手リングひもで端どうしが突き合わせの位置になるように2重の輪を作り、ボンドで貼り合わせる。持ち手リングができた。合計4個作る。

35 ㉖持ち手ひもを1か所で折る。

36 持ち手リング1個を通し、㉖持ち手ひもの裏側にボンドをつけ、★側から貼る。

37 持ち手リング1個を通し、続けてひも端（★・☆）を持ち手外側で突き合わせにして貼ってから、全体を貼る。

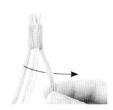
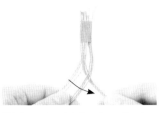

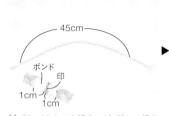

38 ㉗三つ編みひもを9本を、マスキングテープでとめる。3本ずつ分ける。左のひも3本を、真ん中のひも3本の上にのせ、右のひも3本の下に入れる。

39 左のひも3本を真ん中のひも3本の上にのせる。

40 右のひも3本を真ん中のひも3本の上にのせる。

41 39、40をひも端までくり返し、端をテープでとめる。両端を残して45cmのところに印をつける。印の両側1cmにボンドをつけて乾かす。

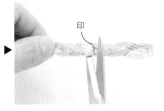

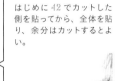

完全に乾いたら、片端を線に沿ってカットする。

42 三つ編みひもの片面全体にボンドをつけ、37のひも端（★・☆）面に貼る。

はじめに42でカットした側を貼ってから、全体を貼り、余分はカットするとよい。

43 もう1本の持ち手も、35〜42と同様に作業する。

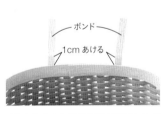
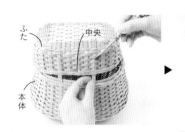

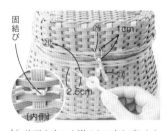

44 本体のふた接続位置の縦ひも2本に、下端1cmあけてボンドをつける。

45 ふたの側面外側の編みひもに差し込む。後ろ面ができた。

編みひもの間にマイナスドライバーを差して隙間を作り、2本の縦ひもを一緒に少しずつ入れ込むのがコツ。

46 前面中央から縦ひも1本とばしたところに、27で作った㉑留め具つけひもの両端を、外側から入れ、内側で固結びをし、結び目にボンドをつけ、余分をカットする。33で作った留め具ループに、㉘留め具ループつけひもを通し、㉑留め具つけひもと同様につける。

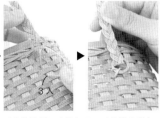

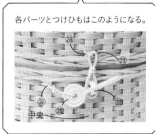

47 持ち手リングに㉙リングつけひもを通す。写真のように、ひもの両端を外側から入れ、片端を出す。持ち手リングに再度通す。

ひもを外側から入れる。ひも端を引き、内側で固結びをし、結び目にボンドをつける。

48 ほかの3か所も持ち手が前面から後ろ面に渡るようにして同様につける。

各パーツとつけひもはこのようになる。

73

Maruzoko kago

丸底のかご photo 24ページ

●材料
ハマナカ エコクラフト〔30m巻〕NO.126（茜）または NO.102（白）1巻
ハマナカ エコクラフト〔5m巻〕NO.13（サンド）2巻

●でき上がりサイズ
約底径18.5×高さ24cm（持ち手含まず）

●用意するひもの幅と本数 ※指定以外は茜または白。

①縦ひも ……………… 6本幅 80cm×8本
②編みひも …………… 2本幅 620cm×2本
③差しひも …………… 6本幅 38cm×16本
④編みひも …………… 4本幅 725cm×4本
⑤編みひも（サンド）… 2本幅 490cm×6本
⑥持ち手ひも（サンド）… 6本幅 28cm×4本
⑦持ち手芯ひも（サンド）… 6本幅 5cm×2本
⑧巻きひも（サンド）… 2本幅 175cm×2本
⑨縁始末（サンド）…… 8本幅 156cm×1本
⑩リボン ……………… 2本幅 60cm×2本

●カット図

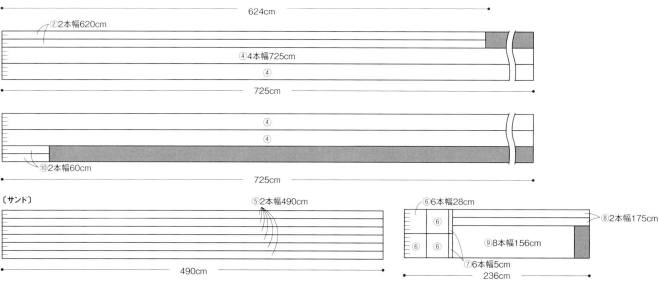

●作り方

❖ エコクラフトをカットし、裂く

1 「カット図」を参照し、エコクラフトを指定の長さにカットし、裂く。①縦ひもには中央に印をつけておく。
>>28ページ「エコクラフトをカットし、裂く」参照。

❖ 底を作る

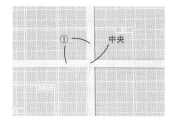

2 ①縦ひも1本の印を中心に、幅約0.7cmにボンドをつける。①縦ひものもう1本を、中央の印どうしを合わせて十字に貼る。残りの①縦ひも6本も、同様に作業する。

3 十字の2組の中央を合わせ、ひもどうしの間が均一になるようにして貼る。

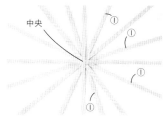

4 もう2組も、ひもどうしの間が均一になるようにして、重ねて貼る。

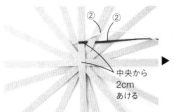
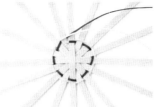

5 ①縦ひもの隣り合う2本にボンドをつけ、②編みひも2本をそれぞれ端から貼る。

>> 追いかけ編みは30ページ参照。

追いかけ編みを1周（2段）する。

6 続けて、②編みひもで追いかけ編みを5周＝10段する。②編みひも2本はそのままにしておく。

7 ③差しひも1本を①縦ひもどうしの間にボンドをつけて、貼る。ボンドは編み地側につける。

残りの③差しひもも7と同様に貼る。

8 6でそのままにしておいた②編みひもで追いかけ編みを10周＝20段する。余分をカットし、縦ひもの裏側に貼る。

差しひもの部分にも互い違いになるように編む。

❖ 側面を編む

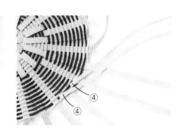

9 四方に出ているひもを、底に対してできるだけ垂直になるように立ち上げる。立ち上げたひもを縦ひもとする。

親指と人さし指ではさみ、軽くしごいて立ち上げるとよい。

10 縦ひもの隣合う2本にボンドをつけ、④編みひも2本をそれぞれ縦ひも1本分ずらして貼る。

④編みひもの端が少し底に入るくらいに、少し斜めに貼ると、隙間ができず、仕上がりがきれいになる。

外周目安 69cm

11 追いかけ編みを10周＝20段、外側に少し広げるようにして編む。

>> 編みひものつなぎ方は29ページ参照。

外周目安 76.5cm

12 続けて、④編みひもをつなぎながら追いかけ編みを10周＝20段、外側に少し広げるようにして編む。余分をカットし、縦ひもの裏側に貼る。

外周目安 82cm

13 ⑤編みひもをつなぎながら、3本縄編みを12周＝12段、外側に少し広げるように編む。余分をカットし、縦ひもの裏側に貼る。

>> 3本縄編みは30ページ参照。

1段めは底の②編みひもと編みひもが互い違いになるように編む。外側に広げるときは、1周編んだら、底を指で軽く押し上げて反らせるようにし、縦ひもどうしの間に余裕をもたせることをくり返すとよい。

❖ 持ち手をつける

14 写真を参考に縦ひもの持ち手つけ位置4本に洗濯バサミをとめる。洗濯バサミをとめていない縦ひもを、最後の段の編みひもをくるむように内側に折る。

15 内側に折った縦ひもを、編みひも1本をはさむようにして、下に向かって側面内側の編みひもに差し込む。
>>34ページ 27～28 参照。

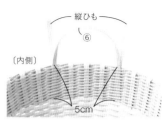

16 持ち手つけ位置の縦ひもの根元に、⑥持ち手ひも1本の両端を、それぞれ内側から5cm分差し込む。

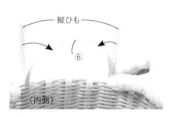

17 縦ひもにボンドをつけ、⑥持ち手ひもに貼る。

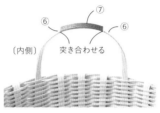

18 ⑦持ち手芯ひもにボンドをつけ、⑥持ち手ひもと突き合わせになるように貼る。余分はカットする。

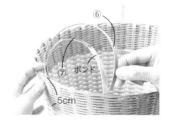

19 16で⑥持ち手ひもを差し込んだ位置に、⑥持ち手ひも1本の片端を5cm分差し込む。持ち手の表側にボンドをつけて、貼り合わせ、余分は持ち手ひもを差し込んだ位置に差し込む。

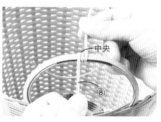

20 ⑧巻きひもと、持ち手の中央どうしを合わせ、端に向かって隙間なく巻く。

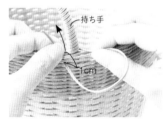

21 巻き終わりは、縁から1cm下の持ち手の際の編み目に、外側から内側にひも端を入れる。

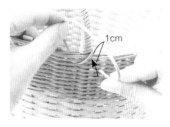

22 斜めにひもが渡るようにし、縁から1cm下の持ち手の際に、外側から内側にひも端を入れる。

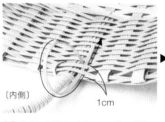

23 内側で編みひも1cm分に通し、余分をカットし、編みひもに貼る。

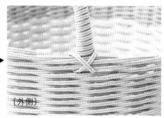

❖ 縁を始末する

24 持ち手の残りの半分も、20～23と同様に作業して、⑧巻きひもを巻く。

25 もう一方の持ち手も 16～24 と同様に作業をして、反対側の面につける。

26 縁の内側1cmにボンドをつけ、⑨縁始末ひもを2周貼るが、2周めは1周めのひもにボンドをつけて貼る。

27 ⑩リボンひもを2本引きそろえ、好みの位置の縦ひも1本に通し、蝶結びをする。

手つきバスケット photo 19ページ

●材料
ハマナカ エコクラフト〔30m巻〕NO.114（マロン）1巻

●でき上がりサイズ
約横30×幅13×高さ19cm（持ち手含まず）

●用意するひもの幅と本数
① 縦ひも ………………… 6本幅　60cm×7本
② 底ひも ………………… 8本幅　20cm×6本
③ 縦ひも ………………… 6本幅　50cm×11本
④ 始末ひも ……………… 6本幅　11cm×2本
⑤ 編みひも・3本縄編用…2本幅　290cm×3本
⑥ 編みひも・追いかけ編み用…3本幅　550cm×4本
⑦ 編みひも・3本縄編み用…2本幅　350cm×3本
⑧ 持ち手ひも …………… 8本幅　80cm×2本
⑨ 持ち手巻きひも ……… 2本幅　180cm×2本
⑩ 口補強ひも …………… 12本幅　83cm×1本

●カット図
95ページ

●作り方
1. ①②③④で底を作る。
2. 縦ひもを立ち上げて側面を編む。
3. 縁を始末する。
4. 持ち手をつける。
5. 口補強ひもを貼る。

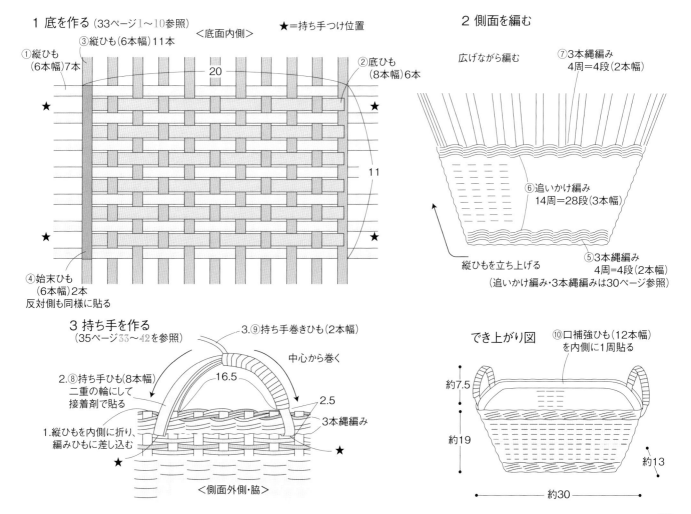

Marche basket

マルシェバスケット　photo 15 ページ

●材料
ハマナカ エコクラフト〔30m巻〕NO.101（ベージュ）1 巻、
〔5m巻〕NO.2（白）1 巻・NO.27（さくら）1 巻

●でき上がりサイズ
約横 28 ×幅 17 ×高さ 16cm（持ち手含まず）

●用意するひもの幅と本数 ※指定以外はベージュ。

①縦ひも	6 本幅	68cm × 7 本
②底ひも	8 本幅	20cm × 6 本
③縦ひも	6 本幅	64cm × 11 本
④始末ひも	6 本幅	11cm × 2 本
⑤底編みひも	2 本幅	420cm × 2 本
⑥差しひも	6 本幅	24cm × 8 本
⑦編みひも・追いかけ編み用	3 本幅	350cm × 4 本
⑧編みひも・ねじり編み用（白）	2 本幅	100cm × 8 本
⑨編みひも・ねじり編み用（さくら）	2 本幅	100cm × 4 本
⑩編みひも・輪編み用	6 本幅	86cm × 8 本
⑪編みひも・3 本縄編み用	2 本幅	300cm × 3 本
⑫持ち手ひも	8 本幅	150cm × 2 本
⑬持ち手リングひも	3 本幅	13cm × 4 本
⑭持ち手巻きひも（白）	2 本幅	240cm × 2 本
⑮持ち手巻きひも（さくら）	2 本幅	240cm × 2 本

●カット図
96 ページ

●作り方
1 ①②③④で底のベースを作る。
2 ⑤で追いかけ編み 4 周＝ 8 段を編み、編みひもを休める。
3 四隅に⑥差しひもを 2 本ずつ貼り、休めていた⑤で追いかけ編み 2 周＝ 4 段を編み、底を作る。
4 縦ひもと差しひもを立ち上げて側面を編む。
5 持ち手つけ位置の縦ひもにリングを通し、口を始末する。
6 持ち手をつける。

1　底を作る（33ページ 1～10 参照）

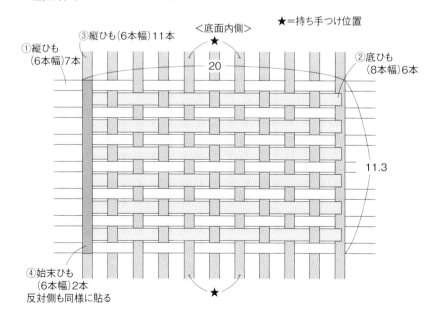

78

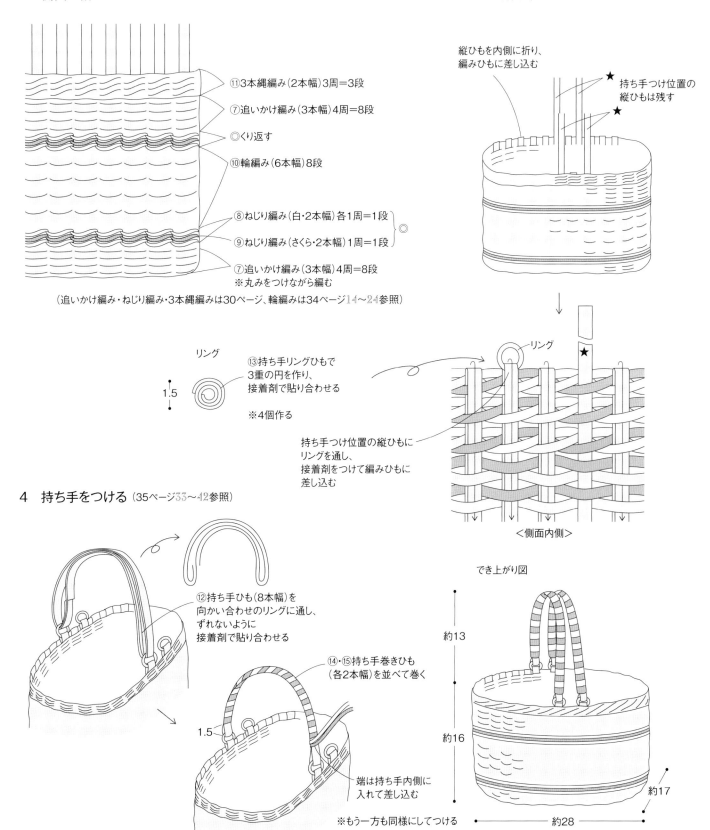

ふたつきソーイングセット　photo 22ページ

● 材料
ハマナカ エコクラフト〔30m巻〕NO.113（サンド）1巻、
〔5m巻〕NO.13（サンド）1巻・NO.2（白）1巻、ピンクッション用の原毛適宜

● でき上がりサイズ
82～83ページの各図参照。サイズはcm。

Sewing set

● 用意するひもの幅と本数 ※指定以外はサンド。

バスケット（ボックス）
① 縦ひも ……………………… 12本幅　56cm×5本
② 底ひも ……………………… 12本幅　20cm×4本
③ 縦ひも ……………………… 12本幅　48cm×7本
④ 始末ひも …………………… 12本幅　13.5cm×2本
⑤ 編みひも・追いかけ編み用 … 3本幅　350cm×2本
⑥ 編みひも・3本縄編み用（白）… 2本幅　150cm×3本
⑦ 編みひも・追いかけ編み用 … 3本幅　340cm×2本
⑧ 編みひも・3本縄編み用（白）… 2本幅　140cm×3本
⑨ 編みひも・追いかけ編み用 … 3本幅　330cm×2本
⑩ 縁内ひも …………………… 12本幅　63cm×1本
⑪ 持ち手かけひも …………… 6本幅　81cm×2本
⑫ かけひも巻きひも ………… 2本幅　300cm×2本
⑬ かけひも用リングひも …… 3本幅　12cm×4本

（ふた）
⑭ 縦ひも ……………………… 12本幅　20cm×5本
⑮ 横ひも ……………………… 12本幅　18cm×4本
⑯ 縦ひも ……………………… 12本幅　15.5cm×7本
⑰ 始末ひも …………………… 12本幅　13.5cm×2本
⑱ 縁内ひも …………………… 10本幅　64cm×1本
⑲ 縁補強ひも ………………… 2本幅　63cm×1本
⑳ 縁外ひも …………………… 12本幅　65cm×1本
㉑ 持ち手ひも ………………… 10本幅　74cm×1本
㉒ 持ち手巻きひも …………… 2本幅　300cm×1本

バスケット・小
① 縦ひも ……………………… 12本幅　30cm×3本
② 底ひも ……………………… 12本幅　14cm×2本
③ 縦ひも ……………………… 12本幅　24cm×5本
④ 始末ひも …………………… 12本幅　7.5cm×2本

⑤ 編みひも・追いかけ編み用 … 3本幅　150cm×2本
⑥ 編みひも・3本縄編み用（白）… 2本幅　100cm×3本
⑦ 編みひも・追いかけ編み用 … 3本幅　100cm×2本
⑧ 編みひも・3本縄編み用（白）… 2本幅　100cm×3本
⑨ 持ち手ひも ………………… 12本幅　20cm×2本
⑩ 持ち手中央ひも …………… 12本幅　4.5cm×1本
⑪ 縁補強ひも ………………… 12本幅　22cm×1本

糸巻き・平型　1個分
① 本体 ………………………… 12本幅　7cm×10本
② 本体 ………………………… 12本幅　6cm×5本
③ 側面 ………………………… 2本幅　40cm×1本

糸巻き・丸型　1個分
① 軸 …………………………… 8本幅　10cm×2本
② 軸 …………………………… 6本幅　10cm×2本
③ 軸 …………………………… 4本幅　10cm×2本
④ 軸 …………………………… 2本幅　10cm×2本
⑤ 軸 …………………………… 10本幅　10cm×2本
⑥ 底 …………………………… 10本幅　1.2cm×2本
⑦ 巻きひも …………………… 3本幅　100cm×2本

ピンクッション
① 底ひも ……………………… 3本幅　12cm×8本
② 底編みひも・追いかけ編み・ねじり編み用 … 1本幅　120cm×1本
③ 編みひも・追いかけ編み用 … 2本幅　60cm×2本
④ 編みひも・3本縄編み用（白）… 1本幅　50cm×3本
⑤ 編みひも・追いかけ編み用 … 2本幅　40cm×2本
⑥ 編みひも・3本縄編み用 …… 1本幅　50cm×3本

● カット図
97ページ

● 作り方
＊ふたつきバスケット
1 ①②③④で底を作り、⑤⑥⑦⑧⑨で側面を編む。
2 口を始末し、内側に⑩を貼る。
3 ⑪⑫でかけひもを作り、⑬で本体につける。
4 ふたを作り、持ち手をつける。
＊バスケット・小
1 ①②③④で底を作り、⑤⑥⑦⑧で側面を編む。
2 口を始末し、内側に⑪を貼る。
3 持ち手をつける。
＊糸巻き・平型・丸型・ピンクッション
　図を参照。

80

<バスケット>

1 底を作る (33ページ1～10参照)

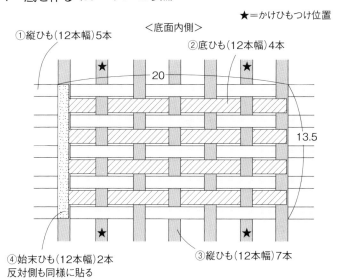

2 側面を編む

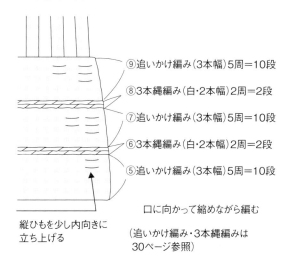

3 口を始末する (34ページ27～28参照)

4 かけひもを作る

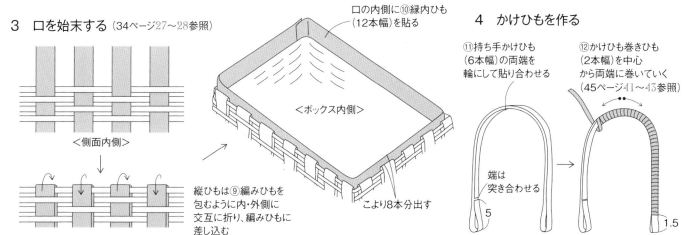

5 ふたを作る

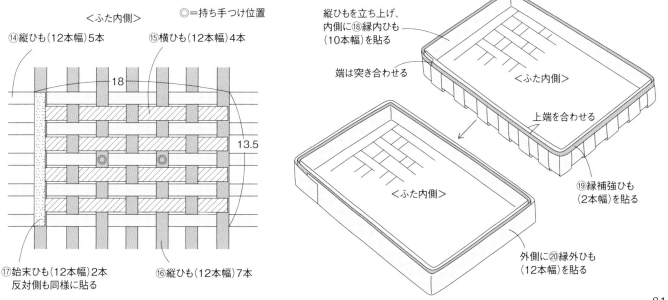

6 持ち手をつける

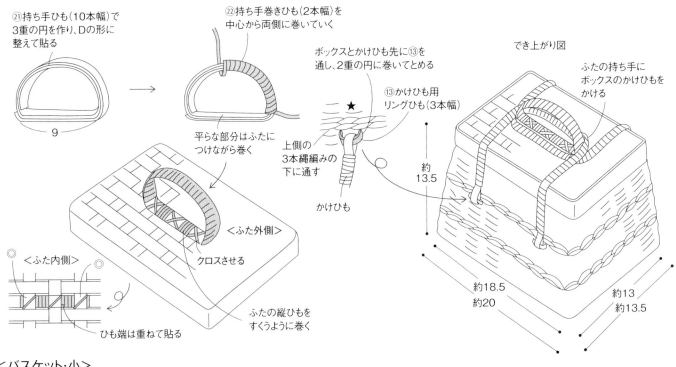

<バスケット・小>

1 底を作る (33ページ1〜10参照)

2 側面を編む

3 口を始末する

4 持ち手をつける

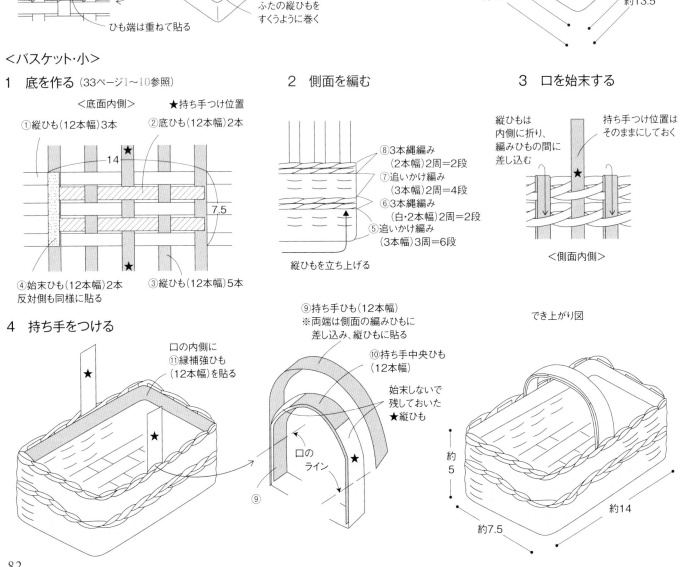

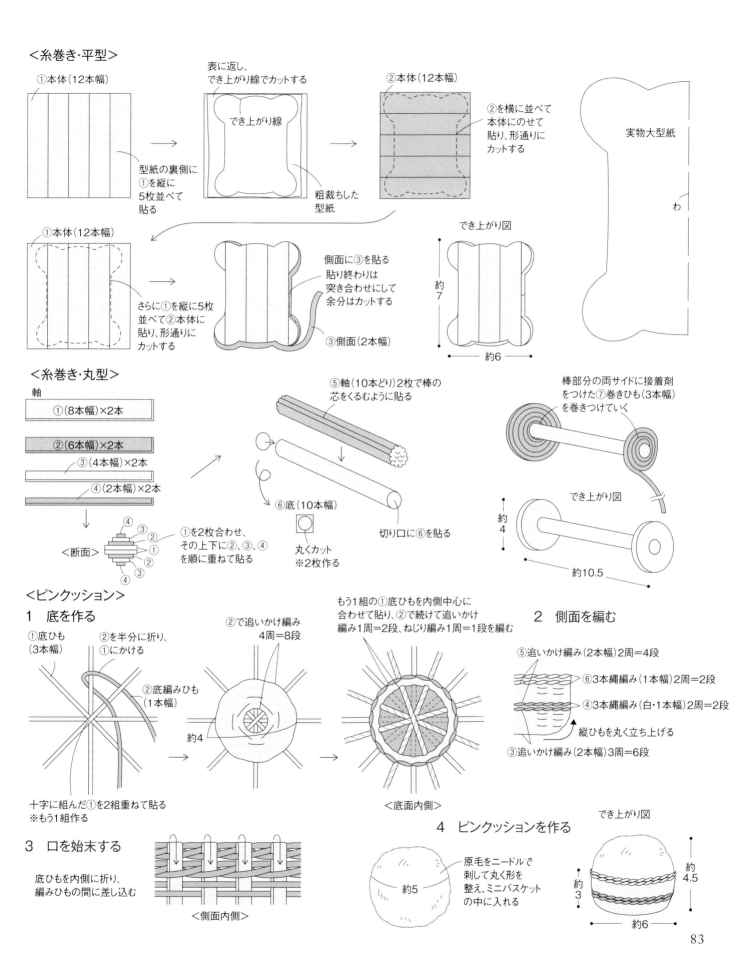

Irekoshiki basket

入れ子式バスケット photo 26 ページ

●材料
ハマナカ エコクラフト〔30m巻〕NO.113（サンド）

●でき上がりサイズ（カッコ内は小）
約横 30（23）×幅 18（13.5）×高さ 13.5（10）cm

●用意するひもの幅と本数

ボックス	大	/	小
①縦ひも	9本幅 66cm×7本	/	6本幅 50cm×7本
②底ひも	10本幅 25cm×6本	/	8本幅 18cm×6本
③縦ひも	9本幅 56cm×11本	/	6本幅 42cm×11本
④始末ひも	9本幅 15cm×2本	/	6本幅 11cm×2本
⑤編みひも・3本縄編み用	2本幅 300cm×6本	/	2本幅 150cm×6本
⑥編みひも・追いかけ編み用	4本幅 400cm×6本	/	3本幅 400cm×4本

ふた	大	/	小
⑦縦ひも	9本幅 32cm×7本	/	6本幅 27cm×7本
⑧横ひも	10本幅 26cm×6本	/	8本幅 19cm×6本
⑨縦ひも	9本幅 22cm×11本	/	6本幅 18cm×11本
⑩始末ひも	9本幅 15cm×2本	/	6本幅 11cm×2本
⑪編みひも・追いかけ編み用	2本幅 180cm×2本	/	2本幅 80cm×2本
⑫編みひも・3本縄編み用	2本幅 100cm×3本	/	2本幅 80cm×3本
⑬留め具リングひも	3本幅 13cm×1本	/	3本幅 13cm×1本
⑭留め具用P型	3本幅 10cm×2本	/	3本幅 10cm×2本
⑮留め具用ひも	2本幅 30cm×1本	/	2本幅 30cm×1本
⑯留め具リングひも	3本幅 11cm×1本	/	3本幅 11cm×1本

●カット図
98ページ

●作り方
1. ①②③④で底を作る。
2. 縦ひもを立ち上げて側面を編む。
3. 口を始末する。
4. ⑦⑧⑨⑩⑪⑫でふたを作る。
5. ボックスの後ろ側にふたをつける。
6. 留め具をボックス・ふたにつける。

1 底を作る（33ページ1～10参照）

※ボックスの底とふたは同様にして作る
※ひもの番号はボックス・ふたの順に記載しています
※幅・本数・サイズは左（または上）から大／小の順に記載しています

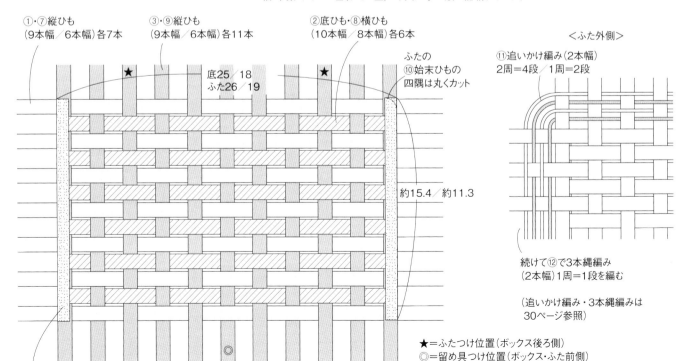

84

2 側面を編む

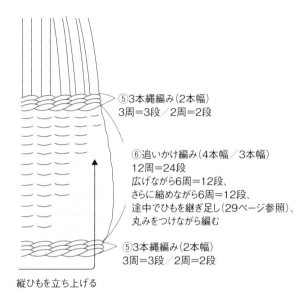

⑤3本縄編み(2本幅)
3周=3段 / 2周=2段

⑥追いかけ編み(4本幅／3本幅)
12周=24段
広げながら6周=12段、
さらに縮めながら6周=12段、
途中でひもを継ぎ足し(29ページ参照)、
丸みをつけながら編む

⑤3本縄編み(2本幅)
3周=3段 / 2周=2段

縦ひもを立ち上げる

3 口を始末する

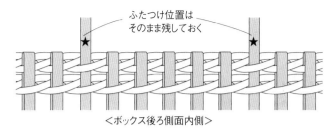

ふたつけ位置は
そのまま残しておく

<ボックス後ろ側面内側>

縦ひもを内側に折り、編みひもの間に差し込む
(34ページ27〜28参照)
※ふたはすべての縦ひもを同様にして始末する

4 ボックスにふたをつける

残しておいたボックスの★縦ひもの余分をカットし、
接着剤をつけてふたの編みひもの間に差し込む
※ふたが後ろ側に倒れないように調整する

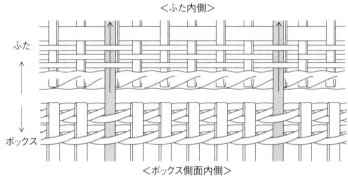

<ふた内側>
ふた
ボックス
<ボックス側面内側>

5 留め具をつける

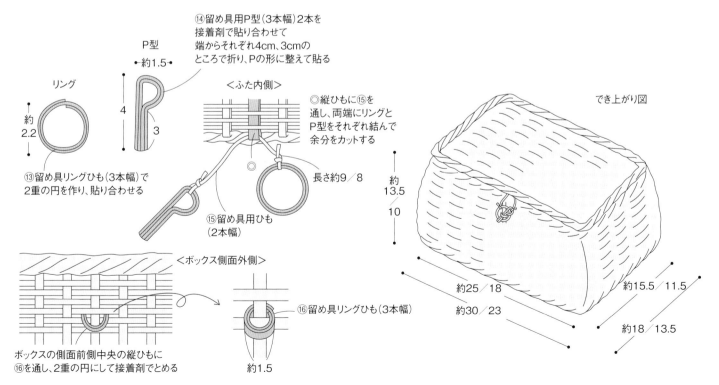

リング
約2.2

P型
約1.5
4
3

⑭留め具用P型(3本幅)2本を
接着剤で貼り合わせて
端からそれぞれ4cm、3cmの
ところで折り、Pの形に整えて貼る

<ふた内側>

◎縦ひもに⑮を
通し、両端にリングと
P型をそれぞれ結んで
余分をカットする

長さ約9／8

⑬留め具リングひも(3本幅)で
2重の円を作り、貼り合わせる

⑮留め具用ひも
(2本幅)

<ボックス側面外側>

⑯留め具リングひも(3本幅)

ボックスの側面前側中央の縦ひもに
⑯を通し、2重の円にして接着剤でとめる

約1.5

でき上がり図

約13.5
10

約25／18
約30／23

約15.5／11.5
約18／13.5

Sukashiami basket

透かし編みのバスケット photo 4ページ

●材料
ハマナカ エコクラフト〔30m巻〕NO.114（マロン）1巻

●でき上がりサイズ
約横27×幅15×高さ15cm（持ち手含まず）

●用意するひもの幅と本数
① 縦ひも .... 6本幅　53cm×5本
② 底ひも .... 8本幅　10cm×4本
③ 縦ひも .... 6本幅　50cm×7本
④ 始末ひも .... 6本幅　8cm×2本
⑤ 底編みひも・追いかけ編み用 …… 2本幅　250cm×2本
⑥ 差しひも .... 6本幅　21cm×8本
⑦ 編みひも・追いかけ編み用 …… 4本幅　500cm×2本
⑧ ステッチひも ……… 2本幅　160cm×2本
⑨ ステッチひも ……… 2本幅　80cm×1本
⑩ 編みひも・追いかけ編み用 …… 4本幅　340cm×2本
⑪ 編みひも・3本縄編み用 …… 2本幅　280cm×3本
⑫ 持ち手ひも ……… 8本幅　90cm×2本
⑬ 持ち手巻きひも …… 2本幅　300cm×2本

●カット図
98ページ

●作り方
1. ①②③④で底を作る。
2. ⑤で追いかけ編み3周＝6段を編み、編みひもを休める。
3. 四隅に⑥差しひもを2本ずつ貼り、休めていた⑤で追いかけ編み2周＝4段を編み、底を作る。
4. ⑦を継ぎ足し、縦ひもを立ち上げて広げながら追いかけ編み8周＝16段を編む。
5. ⑧⑨でステッチを1段を編む。
6. ⑩で追いかけ編み4周＝8段、⑪で3本縄編み3周＝3段を編む。
7 口を始末する。
8 持ち手をつける。

1　底を作る (33ページ1〜10参照)

＜底面内側＞
★＝持ち手つけ位置

① 縦ひも(6本幅)5本
② 底ひも(8本幅り)4本
③ 縦ひも(6本幅)7本
10
約8
④ 始末ひも(6本幅)2本　反対側も同様に貼る

⑤追いかけ編み(2本幅)3周＝6段を編み、編みひもを休める
（追いかけ編みは30ページ参照）

＜底面内側＞

1.四隅に⑥差しひも (6本幅)2本ずつ貼る（43ページ7参照）

2.休めていた⑤で追いかけ編み2周＝4段

2 側面を編む

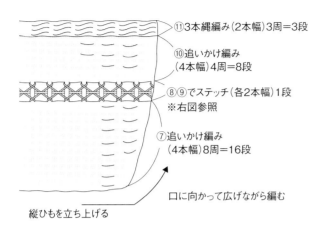

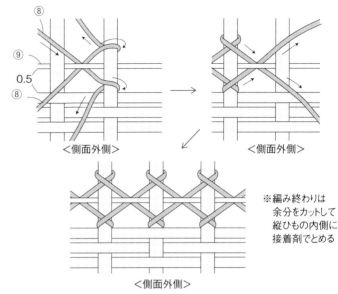

＜ステッチを編む＞
⑨ステッチひも(2本幅)を縦ひもの後ろ側に当て、
⑧ステッチひもでからげていく

※編み終わりは余分をカットして縦ひもの内側に接着剤でとめる

3 口を始末する

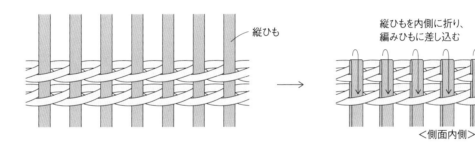

縦ひもを内側に折り、編みひもに差し込む

4 持ち手をつける (35ページ㉝〜㊷参照)

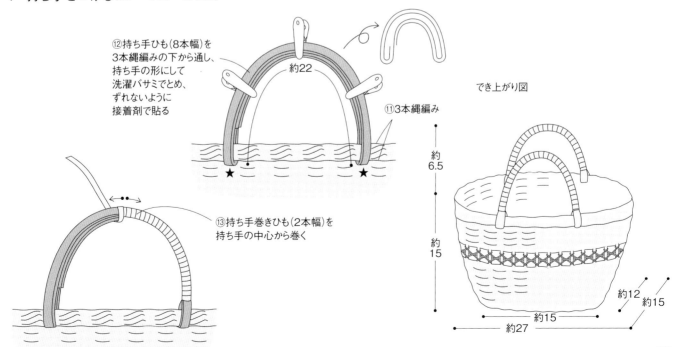

⑫持ち手ひも(8本幅)を3本縄編みの下から通し、持ち手の形にして洗濯バサミでとめ、ずれないように接着剤で貼る

⑪3本縄編み

⑬持ち手巻きひも(2本幅)を持ち手の中心から巻く

でき上がり図

買い物かご　photo 14ページ

●材料
ハマナカ エコクラフト〔30m巻〕NO.114（マロン）1巻

●でき上がりサイズ
約横28×幅21.5×高さ13cm（持ち手含まず）
底の大きさ約21×14cm

Shopping bag

●用意するひもの幅と本数
- ①縦ひも……………………… 8本幅　70cm×5本
- ②底ひも……………………… 10本幅　16cm×4本
- ③縦ひも……………………… 8本幅　64cm×7本
- ④始末ひも…………………… 8本幅　10cm×2本
- ⑤底編みひも………………… 2本幅　500cm×2本
- ⑥差しひも…………………… 8本幅　26cm×8本
- ⑦編みひも・追いかけ編み用… 2本幅　500cm×4本
- ⑧編みひも・3本縄編み用…… 2本幅　500cm×12本
- ⑨口補強ひも………………… 12本幅　76cm×1本
- ⑩持ち手ひも………………… 4本幅　180cm×2本
- ⑪持ち手巻きひも…………… 2本幅　180cm×2本

●カット図
100ページ

●作り方
1. ①②③④で底を作る。
2. ⑤で追いかけ編み4周＝8段編み、休める。
3. 角に⑥差しひもを2本ずつ貼り、休めていた⑤でねじり編み2周＝2段編み、底を完成させる。
4. 縦ひもを立ち上げて追いかけ編み13周＝26段、3本縄編み1周＝1段を編む。
5. 縦ひもを割り、2本幅のひもを底のねじり編みに通しておく。
6. 3本縄編み11周＝11段を編み、側面を完成させる。
7. 口の縦ひもを内側に折り余分をカットし、編みひもの間に差し込む。
8. 底の始末をする。
9. バッグ口の内側に口補強ひもを貼る。
10. 持ち手を作る。

1　底を作る（33ページ1〜10を参照）

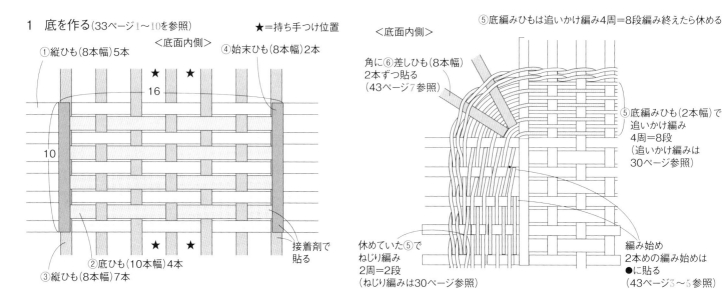

2　側面を編む

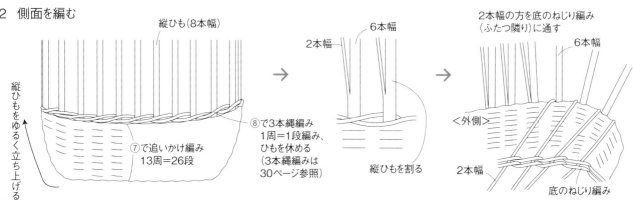

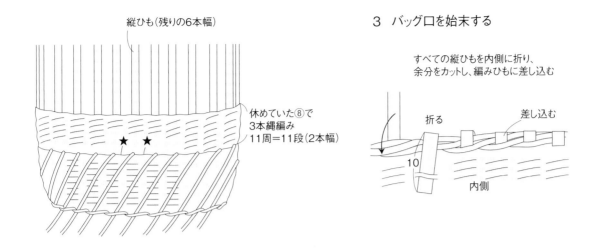

3 バッグ口を始末する

4 底を始末する

5 口に補強ひもを貼る

6 持ち手を作る

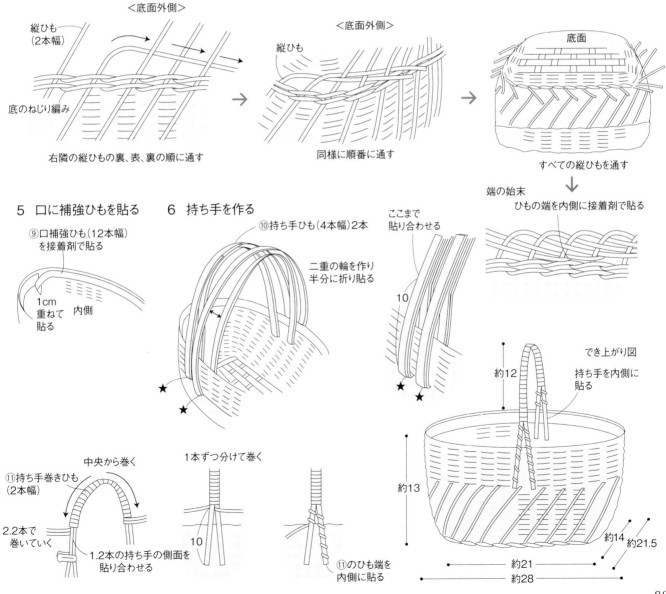

あずま袋つきかごバッグ photo 5ページ

●材料
ハマナカ エコクラフト〔30m巻〕NO.113（サンド）1巻、1.5cm幅革持ち手60cm、綿ローン108×38cm

●でき上がりサイズ
約横40×幅16×高さ20cm（持ち手含まず）

Azumabukuro bag

●用意するひもの幅と本数
① 縦ひも …………………… 10本幅 83cm×3本
② 底ひも …………………… 12本幅 18cm×2本
③ 縦ひも …………………… 10本幅 70cm×7本
④ 始末ひも ………………… 10本幅 6.5cm×2本
⑤ 底編みひも ……………… 2本幅 200cm×2本
⑥ 差しひも ………………… 10本幅 32cm×8本
⑦ 編みひも・追いかけ編み用 … 2本幅 1720cm×2本
⑧ 編みひも・片面山分 ……… 2本幅 320cm×2本
⑨ 編みひも・追いかけ編み用 … 2本幅 650cm×2本
⑩ 編みひも・3本縄編み用 …… 2本幅 420cm×3本
⑪ 持ち手つけひも ………… 1本幅 20cm×2本

●カット図
101ページ

●作り方
1. ①②③④で底を作る。
2. ⑤で追いかけ編み3周=6段編み、休める。
3. 角に⑥差しひもを2本ずつ貼り、⑤でねじり編み1段編み底を完成させる。
4. 縦ひもを立ち上げて⑦で追いかけ編み21周=42段を編み、休める。
5. 縦ひもを2本に裂き⑦で引き返し編み12周=24段編む。反対側を⑧で同様に編む。
6. ⑨で追いかけ編み7周=14段、⑩で3本縄編み4段を編み、側面を完成させる。
7. 縦ひもを内側に折り余分をカットし、編みひもの間に差し込む。
8. 持ち手をつける。
9. あずま袋を作る。

1 底を作る (33ページ1～10参照)

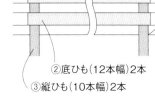

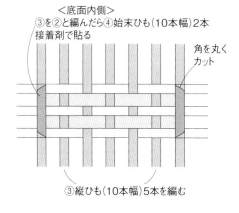

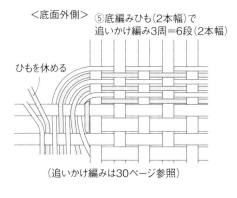

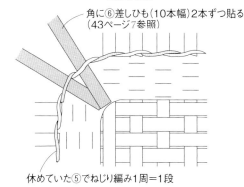

2 側面を編む

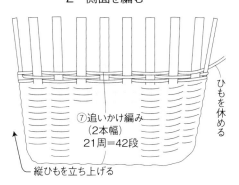

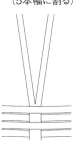

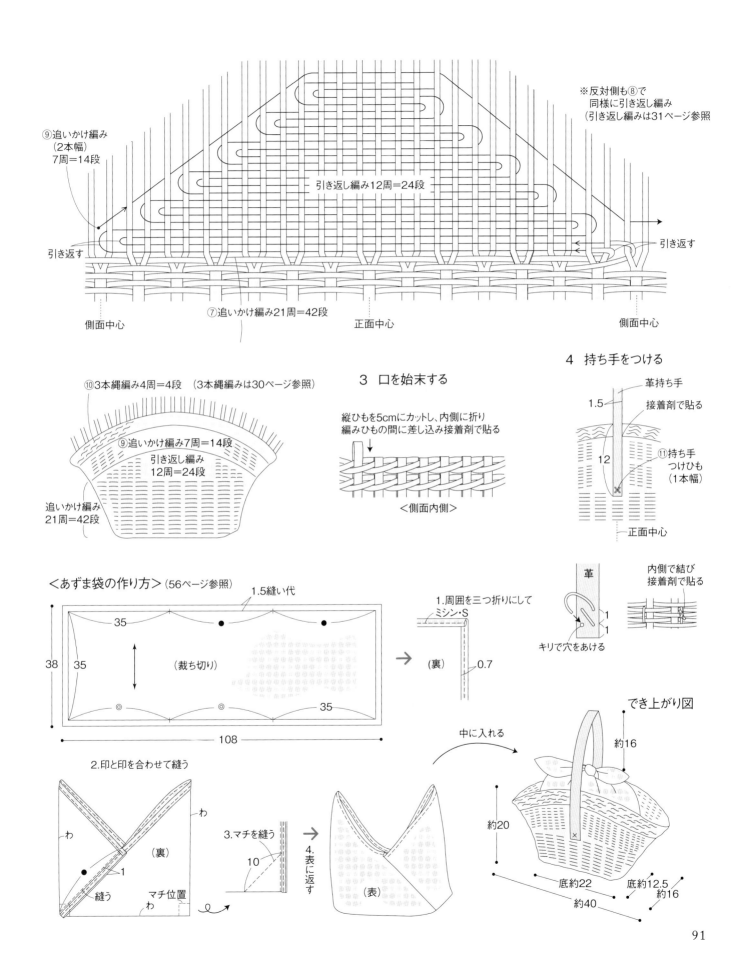

チェック柄のバスケット photo 17 ページ

●材料
ハマナカ エコクラフト〔5m巻〕NO.10（クリーム）4巻、
NO.27（さくら）1巻

●でき上がりサイズ
約横 25.5 ×幅 16.5 ×高さ 14cm（持ち手含まず）

Checkered basket

●用意するひもの幅と本数
① 縦ひも ……………………………………… 5本幅　63cm×9本
② 底ひも ……………………………………… 8本幅　23cm×8本
③ 縦ひも ……………………………………… 5本幅　55cm×15本
④ 始末ひも …………………………………… 5本幅　13.5cm×2本
⑤ 編みひも・ねじり編み用 ………………… 2本幅　90cm×2本
⑥ 編みひも・追いかけ編み用 ……………… 3本幅　460cm×2本
⑦ 編みひも・ねじり編み用（さくら）……… 2本幅　90cm×2本
⑧ 編みひも・ねじり編み用 ………………… 2本幅　90cm×2本
⑨ 編みひも・追いかけ編み用（さくら）…… 2本幅　240cm×3本
⑩ 編みひも・追いかけ編み用 ……………… 2本幅　175cm×3本
⑪ 編みひも・ねじり編み用 ………………… 2本幅　90cm×2本
⑫ 編みひも・ねじり編み用（さくら）……… 2本幅　90cm×2本
⑬ 編みひも・追いかけ編み用 ……………… 3本幅　460cm×2本
⑭ 編みひも・ねじり編み用 ………………… 2本幅　90cm×2本
⑮ 持ち手ひも ………………………………… 5本幅　136cm×2本
⑯ 持ち手巻きひも a ………………………… 2本幅　45cm×2本
⑰ 持ち手巻きひも b ………………………… 2本幅　410cm×1本
⑱ 持ち手飾りひも（さくら）………………… 3本幅　22cm×1本
⑲ 三つ編みひも ……………………………… 12本幅　100cm×1本
⑳ 口補強ひも ………………………………… 12本幅　73cm×1本

●カット図　　●作り方
102 ページ　　1. ①②③④で底を作る。
　　　　　　　2. 縦ひもを立ち上げて側面を編む。
　　　　　　　3. 口を始末する。
　　　　　　　4. 持ち手を作る。
　　　　　　　5. 縁飾りを作り本体外側に貼り、口補強ひもを内側に貼る。

1　底を作る（33ページ 1〜10参照）

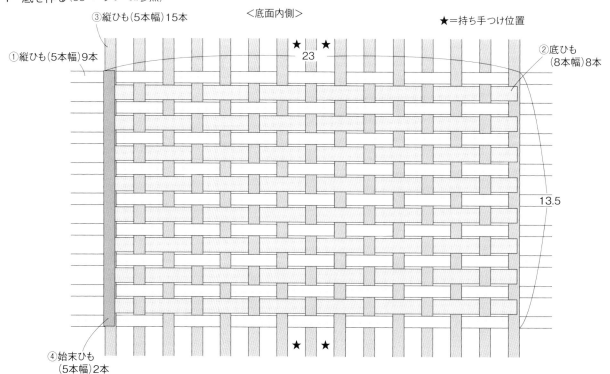

2 側面を編む

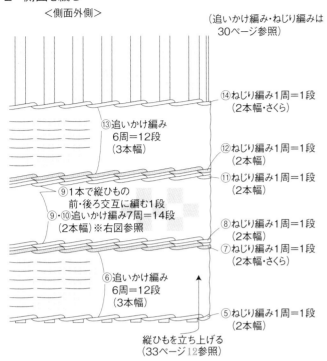

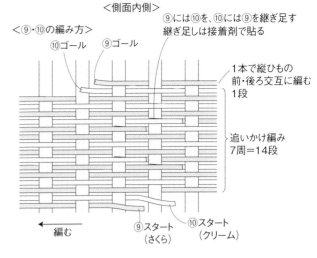

3 口を始末する(34ページ27〜28参照)

縦ひもを内側に折り余分をカットし、編みひもに差し込む

4 持ち手を作る
(89ページ参照)

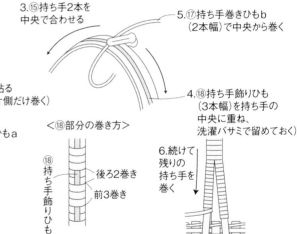

5 口に縁飾りをつけて始末する

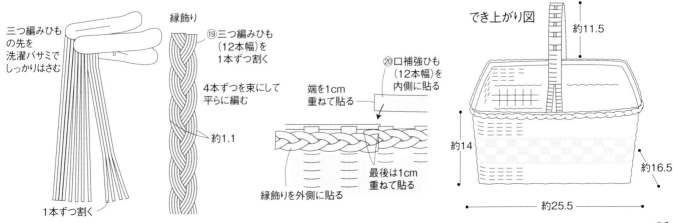

Garland

ミニバスケットのガーランド photo 27ページ

● 材料
ハマナカ エコクラフト適宜

● でき上がりサイズ
図参照

● 作り方
ミニバスケットを作り、
1本どりのひもに通して結ぶ。

● 用意するひもの幅と本数 ※好みの色・配色で作る
ミニバスケット　1個分
① 底ひも ……………………………………… 3本幅　12cm×8本
② 底編みひも・追いかけ編み・ねじり編み用 … 1本幅　120cm×1本
③ 編みひも・追いかけ編み用 ………………… 2本幅　50cm×2本
④ 編みひも・3本縄編み用 …………………… 1本幅　50cm×3本
⑤ 編みひも・追いかけ編み用 ………………… 2本幅　40cm×2本
⑥ 編みひも・3本縄編み用 …………………… 1本幅　50cm×3本
⑦ 持ち手ひも （バッグ）……………………… 2本幅　25cm×2本
　　　　　　 （丸型バスケット）……………… 4本幅　10cm×1本
　　　　　　　　　　　　　　　　　　　　　 2本幅　10cm×1本
　　　　　　 （角型バスケット）……………… 4本幅　10cm×2本

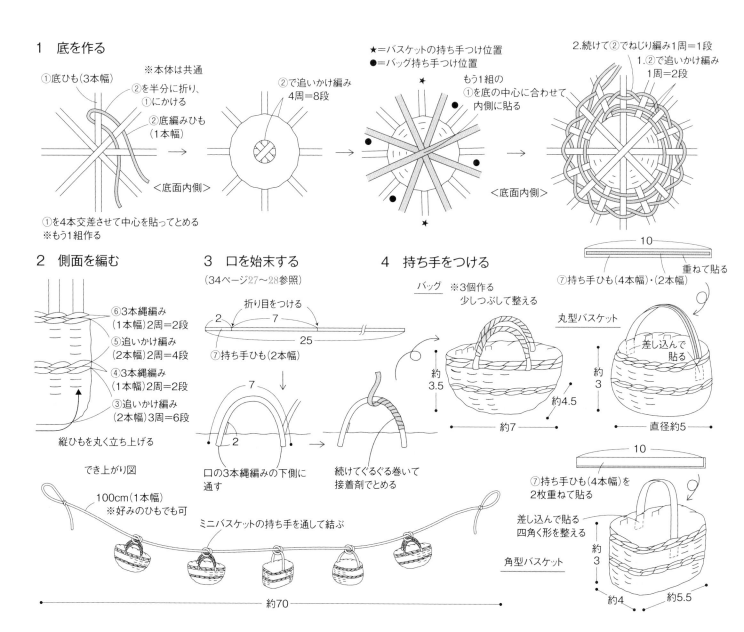

手つきバスケット photo 19 ページ

●カット図

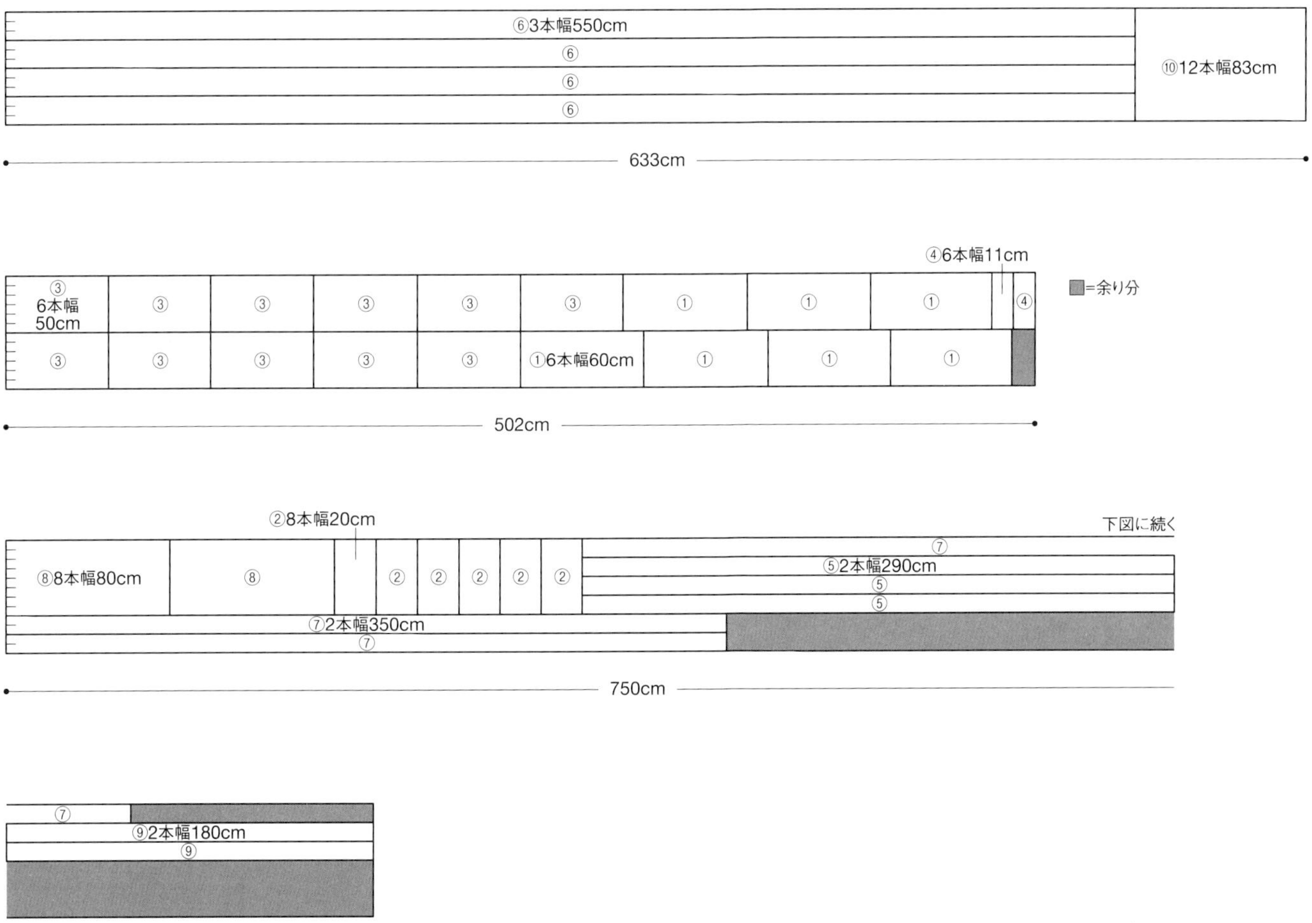

⑥3本幅550cm
⑥
⑥
⑥
⑩12本幅83cm

633cm

④6本幅11cm

③
6本幅
50cm | ③ | ③ | ③ | ③ | ③ | ① | ① | ① | ④

③ | ③ | ③ | ③ | ③ | ①6本幅60cm | ① | ① | ①

▨=余り分

502cm

②8本幅20cm
下図に続く

⑧8本幅80cm | ⑧ | ② | ② | ② | ② | ②
⑦
⑤2本幅290cm
⑤
⑤
⑦2本幅350cm
⑦

750cm

⑦
⑨2本幅180cm
⑨

95

マルシェバスケット photo 15ページ

●カット図

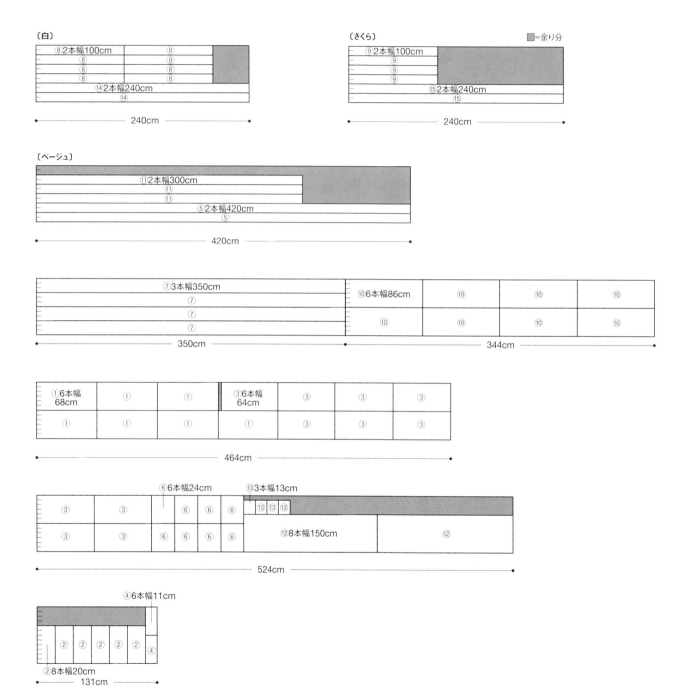

ふたつきソーイングセット photo 22ページ

●カット図

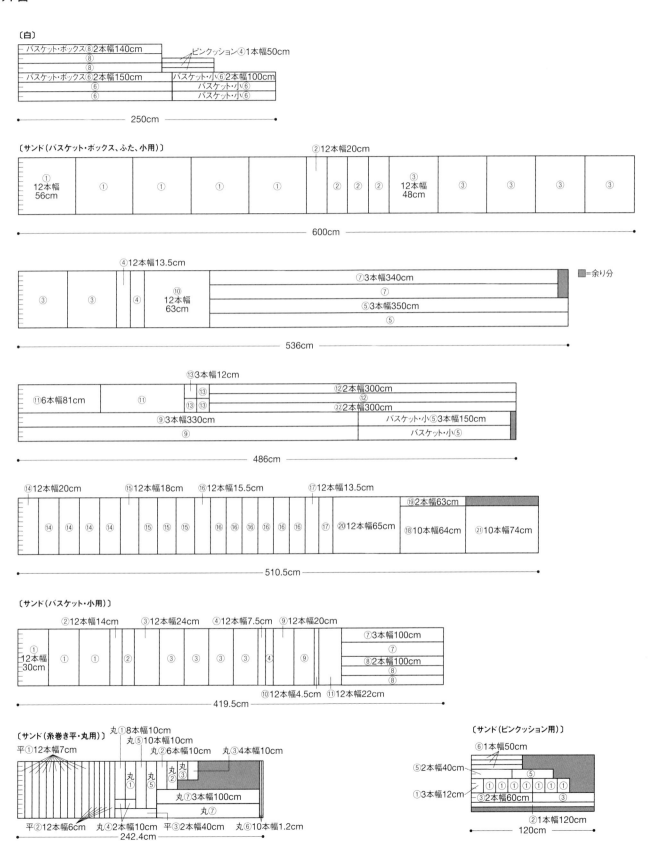

透かし編みのバスケット　photo 4ページ
●カット図

下図に続く

⑬2本幅300cm
⑬

⑤2本幅250cm
⑤

⑦4本幅500cm
⑦

1110cm

⑪2本幅280cm
⑪

⑨2本幅80cm
⑪

■=余り分

⑩4本幅340cm
⑩

⑫8本幅90cm
⑫

⑫

②②②

③6本幅50cm

②8本幅10cm

455cm

⑥6本幅21cm

④6本幅8cm

①6本幅53cm
①　①　①　⑥　⑥　⑥　③6本幅50cm　③　③

⑧2本幅160cm
⑧

①　⑥　⑥　⑥　⑥　③　③　③　④

入れ子式バスケット　photo 26ページ
●カット図

〈小〉

⑥3本幅400cm
⑥
⑥
⑥
⑥

⑤2本幅150cm
⑤
⑤
⑤
⑤
⑤

550cm

④6本幅11cm

①6本幅50cm
①　①　①　③6本幅42cm　③　③　③　③　③
①　①　①　①　③　③　③　③　③　④

■=余り分

421cm

⑬3本幅13cm　⑭3本幅10cm

⑮2本幅30cm　⑯3本幅11cm

⑨6本幅18cm　⑩6本幅11cm

⑪2本幅80cm
⑪
⑭
⑦6本幅27cm　⑦　⑦
⑨　⑨　⑨　⑨　⑨

⑫2本幅80cm
⑫
⑫
②　②　②　②　②　⑧　⑧　⑧　⑧　⑧
⑦　⑦　⑦　⑦　⑨　⑨　⑨　⑨　⑨　⑩

②8本幅18cm　⑧8本幅19cm

511cm

98

〈大〉

⑥4本幅400cm
⑥
⑥

400cm

⑥4本幅400cm
⑥
⑥

400cm

⑤2本幅300cm
⑤
⑤
⑤
⑤
⑤

300cm

②10本幅25cm　⑧10本幅26cm

② ② ② ② ② ⑧ ⑧ ⑧ ⑧ ⑧ ①9本幅66cm ① ① ① ① ① ①

⑪2本幅180cm　⑪　⑫2本幅100cm　⑫　⑫　⑭

⑬3本幅13cm　⑮2本幅30cm
⑭3本幅10cm　⑯3本幅11cm

768cm

⑦
⑦9本幅
32cm　⑦ ⑦ ⑦ ⑦ ⑦ ⑦

224cm

③9本幅
56cm　③ ③ ③ ③ ③ ③ ③ ③ ③ ③

616cm

④9本幅15cm　⑩9本幅15cm

④ ⑨ ⑨ ⑨ ⑨ ⑨ ⑨ ⑨ ⑨ ⑨ ⑩

⑨9本幅22cm
302cm

99

買い物かご photo14ページ

● カット図

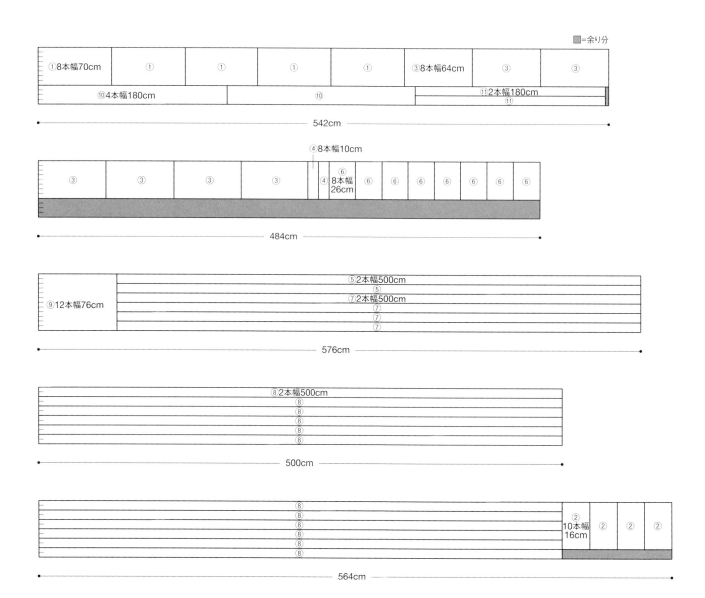

あずま袋つきかごバッグ photo5 ページ

● カット図

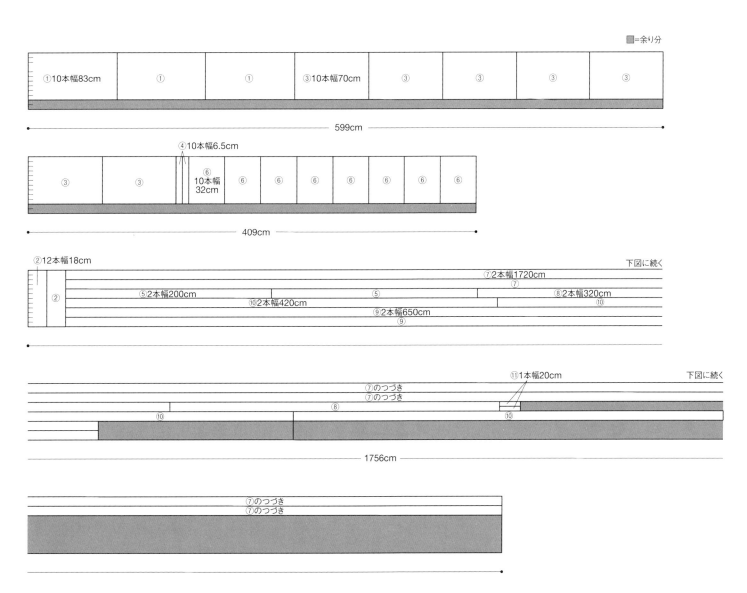

チェック柄のバスケット photo 17ページ

●カット図

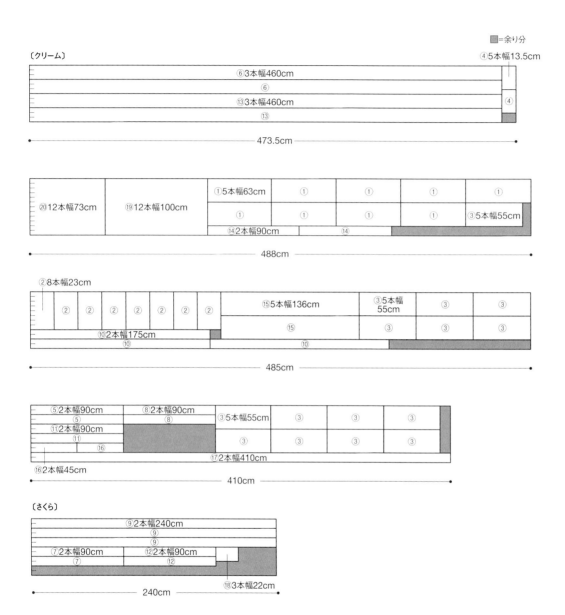

キッチントレー 4点セット photo 16ページ

●カット図

■=余り分

〈大〉

⑩2本幅210cm / ⑩

①10本幅52cm / ① ① ① ① ① ① ① ①

— 468cm —

②12本幅30cm

② ② ② ② ② ② ② / ⑥12本幅109cm / ⑦12本幅111cm / ⑧12本幅108cm

— 568cm —

③10本幅44cm / ③ ③ ③ ③ ③ ③ ③ ③ ③ ③ / ④

④10本幅23.5cm

— 531cm —

⑤6本幅109cm / ⑤ / ⑤

⑤ / ⑤ / ⑤ / ⑨8本幅84cm / ⑨

— 495cm —

〈中〉

②12本幅21cm

①12本幅44cm / ① ① ① ① / ② ② ② / ③12本幅36cm / ③ ③ ③ ③ ③ ③

— 556cm —

④12本幅13.5cm

④ / ⑥12本幅71cm / ⑦12本幅73cm / ⑧12本幅70cm / ⑤6本幅71cm / ⑤

⑤ / ⑤ / ⑤

— 454cm —

〈小〉1個分

②12本幅10cm

①12本幅30cm / ① ① ① ① / ②②② / ③10本幅36cm / ③ ③ ③ / ④ / ⑥12本幅49cm / ⑦12本幅51cm / ⑧12本幅48cm / ⑤6本幅49cm / ⑤

⑤ / ⑤ / ⑤

④10本幅13.5cm

— 692cm —

103

古木明美（ふるきあけみ）

2000年よりエコクラフトでの作品制作を始め、
現在は書籍や雑誌への作品提案、カルチャースクールやアトリエで講師を務める。
ヴォーグ学園講師。
かわいらしいテイストとわかりやすい作り方が人気。
フェイクレザーテープやPPバンドなどの新しい素材での作品制作も多数行っている。
著書に『四つだたみ、花結びが0からわかる 紙バンドを結んで作るずっと持ちたいかご』
（日本ヴォーグ社）などがある。
http://park14.wakwak.com/~p-k/

  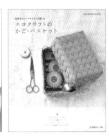

本書は、「これならわかる エコクラフトのバッグ＆暮らしのかご」「エコクラフトのかわいいバスケット」「北欧＆フレンチテイストを楽しむ エコクラフトのかご・バスケット」からセレクトし、再編集したものです。

staff
デザイン：盛田ちふみ
口絵撮影：今井美奈　滝沢育絵　白井由香里
プロセス・切り抜き撮影：本間伸彦　川村真琴　森谷則秋　渡辺華奈
スタイリング：鈴木亜希子　塚本 文
トレース：八文字則子　白井麻衣　tinyeggs studio　大森裕美子
作品制作協力：信徳麻里乃　直井真紀　古幡千夏　山田成子　加藤麻紀
編集協力　吉田晶子　沢路美子
編集　立山ゆかり　荒木嘉美　斎藤あつこ　代田泰子

［素材協力］
ハマナカ株式会社
京都本社
京都府京都市右京区花園薮ノ下町2番地3　TEL 075-463-5151
東京支店
東京都中央区日本橋浜町1-11-10　TEL 03-3864-5151

［撮影協力］
AWABEES
東京都渋谷区千駄ヶ谷3-50-11 明星ビルディング5F　03-5786-1600
UTUWA
東京都渋谷区千駄ヶ谷3-50-11 明星ビルディング1F　03-6447-0070

古木明美のエコクラフトで作るバッグとかご
ベストセレクション

発行日／2019年5月30日
著者／古木明美
発行人／瀬戸信昭
編集人／今ひろ子
発行所／株式会社日本ヴォーグ社
〒164-8705　東京都中野区弥生町5-6-11
TEL　03-3383-0644（編集）　03-3383-0628（販売）
出版受注センター／TEL　03-3383-0650　FAX　03-3383-0680
振替　00170-4-9877
印刷／株式会社東京印書館
Printed in Japan ©Akemi Furuki 2019
NV70532
ISBN978-4-529-05903-9 C5077

あなたに感謝しております。　We are grateful.

手づくりの大好きなあなたが、この本をお選びくださいましてありがとうございます。
内容はいかがでしたでしょうか？
本書が少しでもお役にたてば、こんなにうれしいことはありません。
日本ヴォーグ社では、手づくりを愛する方とのお付き合いを大切にし、
ご要望にお応えする商品、サービスの実現を常に目標としています。
小社並びに出版物について、何かお気づきの点やご意見がございましたら、
なんなりとお申し付けください。そういうあなたに私共は常に感謝しております。
　　　　　　　　　　　　　　株式会社日本ヴォーグ社 社長　瀬戸信昭

●本書の複写にかかる複製、上映、譲渡、公衆送信（送信可能化を含む）は
株式会社日本ヴォーグ社が管理の委託を受けています。
● JCOPY　(社)出版者著作権管理機構 委託出版物
本書の無断複写は著作権法上での例外を除き禁じられています。
複写される場合は、そのつど事前に、(社)出版者著作権管理機構
（電話03-3513-6969、FAX 03-3513-6979、E-mail: info@jcopy.or.jp）の許諾を得てください。
●万一、乱丁本、落丁本がありましたら、お取り替えいたします。
お買い求めの書店か、小社販売部へお申し出ください。
〈(株)日本ヴォーグ社販売部〉TEL.03-03-3383-0628

日本ヴォーグ社関連情報はこちら
（出版、通信販売、通信講座、スクール・レッスン）
https://www.tezukuritown.com/ 手づくりタウン 検索